沖縄周辺図(1945年)
0 100 200km
戦艦大和沈没地点 ×
北緯 30°43′
東経 128°4′
揚子江
上海
中国
東
シ
ナ
海
南
西
諸
島
太
平
洋
甑島列島
鹿児島
九州
鹿屋
宇治島
硫黄島
竹島
種子島
草垣島
黒島
口永良部島
屋久島
吐噶喇列島
口之島
中之島
諏訪瀬島
悪石島
宝島
横当島
薩南諸島
名瀬
奄美大島
喜界島
徳之島
沖永良部島
伊平屋島
与論島
伊江島
粟国島
渡嘉敷
那覇
沖縄島
久米島
慶良間列島
北大東島
南大東島
尖閣諸島
黄尾嶼
赤尾嶼
魚釣島
(大正島)
琉球諸島
基隆
台北
台湾
先島諸島
宮古島
多良間島
西表島
与那国島
石垣島
八重山列島
波照間島
池間島
伊良部島
宮古島
下地島
平良
国仲
来間島
平安名崎
水納島
多良間島
宮古列島
八重山列島
平久保崎
先島諸島
宇奈利崎
鳩間島
パイミ崎
野原崎
大崎
石垣島
大原
小浜島
竹富島
石垣
西表島
南風見崎
新城島
黒島
波照間島
0 10 20 30km
慶良間列島
座間味島
黒島
屋嘉比島
安室島
前島
阿嘉島
慶留間島
渡嘉敷島
久場島
外地島
渡嘉敷村

沖縄国際平和研究所理事長　元沖縄県知事

大田昌秀が説く
沖縄戦の深層

住民はいかにして戦争に巻き込まれたか

高文研

◈——はじめに

今こそ語り伝えておきたいこと

悪夢のような沖縄戦が終結して来年は七〇年の節目を迎えます。私たち身を以て戦争を体験した戦争世代にとって沖縄戦は、つい昨日のように記憶も生々しいが、早くも半世紀以上の歳月が流れ去ったのです。まさに「光陰矢のごとし」の感を免れません。

この間、戦争世代の多くが亡くなり、今ではいわゆる戦無派の人びとが圧倒的多数を占めるようになっています。私たち生き残った戦中派の人びとは、二度と再び戦争を起こさせてはいけない、ましてや愛する子や孫たちに自らと同じ過ち、同じ苦難を味わわせてはならない、と機会あるたびに戦争体験を語り続けてきました。そのことこそが、戦争から生き延びた「余生」を生きる意味だからであります。

一度、戦争が起きてしまえば、人間は人間でなくなり、殺したり殺されたりで誰しもが、多種多様の非人道的行動に走らざるを得なくなるからです。

しかし戦無派世代の増大に伴い、あの過酷極まる沖縄戦の記憶は、急速に忘却の彼方に追いやられつつあります。もはやありきたりの平和教育などでは、救い難いとても厳しい状況を呈するまでになってきています。いきおいこのまま黙って見逃すわけにはいかないのです。

私たちは、今一度渾身《こんしん》の力をふりしぼって、沖縄戦について検証し直す必要があります。幸いにして近年各市町村において字誌《あざし》が次々に刊行されていて、それらの中には個々人が体験した無数の具体的な証言が収録されています。また、旧日本軍の地元住民殺害事件や、現在外交問題となっている「慰安婦」問題なども詳細に記録されていて、沖縄戦研究については、改めて総ざらいする必要があります。

とりわけ沖縄戦はどうして始まったのか、その端緒や経過については再吟味しなければならないと痛切に感じています。

と同時に、県下の一二の男子中等学校と一〇の女学校の全ての学校の十代の生徒たちが何らの法的根拠もなしに戦場に動員されたあげく、ジャーナリストで社会評論家の故大宅壮一氏の言う「動物的忠誠心」を発揮して過半数が犠牲になったおぞましい事態は、なぜ防ぐことができなかったのか、その背景や法的根拠などについても明らかにすることが求められています。

周知のとおり、近年、日本政府は、憲法の解釈を変えて集団的自衛権を行使すべく、国民世論に反して閣議決定しました。その結果、日本は再び戦争をする方向に向かいつつあって、この上なく危険な様相を呈しています。それだけに本書は、沖縄戦の体験者たちが、異口同音に「軍隊は民間人を守らない」という沖縄戦から学び取った貴重な教訓を戦無派の世代がいつまでも忘れ去ることなく、再認識することを願って書き留めたものです。

戦争を知らない、とりわけ若い世代の人びとが一人でも多く戦争の何たるかを読み取っていただけたらこの上なく幸甚に存じます。

なお、本書の刊行にあたっては、出版の労をとってくださった高文研の山本邦彦さんをはじめ同社社員の皆様に心から厚く感謝申し上げるとともに、沖縄国際平和研究所の桑高英彦さんの絶大な協力があったことも記して心からお礼申し上げます。

二〇一四年七月一日

大田　昌秀

✳——もくじ

Ⅱ章　戦時体制への移行

Ⅲ章 沖縄戦の経過

Ⅳ章　沖縄決戦下の住民

Ⅴ章　沖縄戦の教訓

装丁＝商業デザインセンター・増田　絵里

Ⅰ章　戦争への道のり

【戦場の子どもたち】

壕から救出され、小さなやかんから水を飲む少女（1945年６月）。

1　沖縄の軍事化の背景

＊非武の島・沖縄へ日本の軍隊が常駐

さる一九四五（昭和二〇）年の沖縄戦で、沖縄は総人口のおよそ三分の一に相当する十数万の人命を犠牲にしたほか、官公庁をはじめ全ての民家の約九〇パーセント余りを焼失してしまいました。その上、沖縄の先人たちが何百年も昔から営々と作りあげ、育んできたかけがえのない文化遺産も、ことごとく壊滅、戦前、王城のあった首里《しゅり》の古都には、国宝に指定された由緒ある建造物や文化財が二〇余もありましたが、それらも沖縄戦で一つ残らず灰にされてしまいました。

沖縄戦は、戦争から生き延びた人たちは無論のこと、戦争で肉親や知人、友人たちを失った多くの沖縄の人たちにとって、忘れたくても永久に忘れることのできない悪夢のような悲惨な体験でした。

ちなみにアメリカの外交官で琉球・沖縄の歴史研究者のジョージ・H・カーは、その著『沖縄―島嶼民の歴史』の中で、日本全国の中でも、沖縄県ほど太平洋戦争を企画し、それに関与、実行する比重が小さかった県はなかったにもかかわらず、この戦争で沖縄県ほど甚大な犠牲を被った所は他にはない、と書いているほどです。

では、沖縄戦における地元住民の表現を絶する悲劇は、どうして起こったのでしょうか。

沖縄は、昔から「守礼の邦」と称され、人びとはことのほか戦争を忌み嫌い、何よりも平和を大事にすることで海外にまでその名を知られていました。一九世紀の初めごろ、イギリス海軍のバジル・ホール大佐は、琉球（沖縄）を訪問しての帰途、南大西洋のセント・ヘレナ島へ立ち寄り、同島に流刑されていた**ナポレオン**①に会いましたが、その際、彼が琉球には武器がないことを話したところ、ナポレオンは、「武器のない国があるなどとは信じかねる」として驚いたというエピソードは、歴史上よく知られています。

事実、その後、明治時代に入っても沖縄の人びとが、〝平和を愛好する民〟であったことについては、沖縄が日本の一部に組み込まれた**廃藩置県**②の際にもいかんなく示されています。

廃藩置県を推進するため、琉球処分官として沖縄へ乗り込んだ明治政府の松田《まつだ》道之《みちゆき》は、政府への報告書の中で「琉球の政治たるや　文教人倫を原として　政教を分《わか》たず　兵備を用いずして　士人に寸鉄を帯わしめず」と述べているのも、その一例に他なりません。

ところが、一八七九（明治一二）年の廃藩置県に至るいわゆる「**琉球処分**」②の過程で、明治政府は、琉球王府に対し、古くから長年にわたって続いていた中国との進貢関係を絶つように指示したほか、それまで中国の暦を使っていた沖縄の慣習を改めて日本の暦を使用せよ、とか、旧来の琉球独自の法律を日本風に改めよ、といった具合にいくつかの点で制度の改革を命じました。その上、**熊本鎮《ちん》台《だい》**③（第六軍管区）の分遣隊《ぶんけんたい》を沖縄に常駐させる案件をも要求しました。

この分遣隊の常駐案は、明治政府の言い分によると、琉球（沖縄）は、どこの領土なのかその帰属先が曖昧《あいまい》なので、それを口実にして列強諸外国が琉球を攻略して自国のものにする懸念があるから、「琉球住民を保護するため」に日本軍隊を沖縄へ駐留させなければならない、というものでした。

ところが、この言い分は表面的なタテマエでしかなく、ホンネは、廃藩置県によって往時の身分を失うことを恐れた地元のいわゆる〝親支派〟の貴族や士族たちが日本政府の施策に反対するのを弾圧するための分遣隊の常駐だったのです。

そのことは、**正院《せいいん》**④の機密文書に、「琉球は　従来　島津氏より士官を遣《つかわ》し鎮撫《ちんぶ》したれば　其例に循《したがっ》て　九州の鎮台より番兵を出張せしむべし……番兵は外寇《がいこう》を禦《ふせ》ぐの備えにあらず　琉球国内を鎮撫せんが為なれば　必ずしも多数を要せざるべし」（琉球政府編『沖縄縣史』12　沖縄県関係各省公文書1　琉球政府刊　一九六六年　四頁）と明記されていることから明らかです。

ところで、明治政府の諸要求に対し、琉球王府の代表たちは、ほとんど全てを受け入れましたが、熊本鎮台の分遣隊を沖縄に常駐させるという案件については、いろいろと口実を設けて頑《かたく》なに拒否しました。それにもかかわらず明治政府は、自らの意思を一方的に受け入れさせようと強硬な態度に出ました。それというのも、実は「琉球処分」の目的が日本の設定した国境内に沖縄を組み入れ、そこに軍隊を置くことにあったからです。

そのため明治政府は、琉球側が受け入れを拒否しても、そのまま引き下がろうとはしませんでした。引き下がるどころか、明治政府は、「そもそも政府の国内を経営するに当ては　其《その》要地所在に鎮台又は分営を散置して　以て其地方の変に備う　是《これ》政府国土人民の安寧《あんねい》を保護するの本分義務にして　他より之を拒み得るの権利なし　是断然御達《おたつし》に相成《あいなり》たる所以《ゆえん》也」（喜舎場朝賢『琉球見聞録』東汀遺著刊行会　一九一四年　一九〜二〇頁）と言明して、当初の計画どおりに熊本鎮台の分遣隊の派遣、そして駐留を強行したのです。

では、琉球王府が分遣隊の常駐を頑強に反対し続けたのは、いったい、どのような理由からだったのでしょうか。

その理由は、一つには、明治政府が琉球に軍隊を配備する口実にウソがあったことは見逃せません。すなわち、明治政府は、「国土人民の安寧《あんねい》を保護するため」に分遣隊を沖縄に駐留させると説明していましたが、それは単なる名目でしかなく、実際には、琉球王府の中のいわゆる〝反日分子〟を鎮圧する狙いからだったのは前述したとおりです。

当時、琉球側は、明治政府の本心を見抜いたわけでもなかったでしょうが、政府との度重なる交渉を通じ、また反対陳情を繰り返すうちに、「明治政府の発言を鵜呑《うの》みにするのは危険だ」と半ば本能的に感じ取ったようです。

ですが、むしろそのこと以上に、琉球王府は、軍隊の駐留に反対する確固たる思想、主張がありました。だからこそ、何か月にもわたって明治政府の要求を拒み続けることができたとも言えます。

琉球側は、古来の伝統的な平和思想を盾に、次のように主張し続けました。

「一　夫《そ》れ琉球は南海の一孤島にして　如何《いか》なる兵備を為し　如何なる方策を設くるとも　以《もっ》て他の敵国外患に当るべき力なし。

二　此の小国にして兵あり力ある形を示さば　却《かえり》て求《もとめ》て敵国外患を招くの基《もと》となり　国遂《つい》に危《あやう》し。

三　寧《むし》ろ兵なく力なく　惟《ただ》礼儀柔順を以て外に対し　所謂《いわゆる》柔能制剛を以て国を保つに如《し》かず」

このような主張は、琉球王府代表らの個人的な見解というより琉球王府の「国是《こくぜ》」にも等しいものでした。彼らは、この国是に基づいて数百年もの間、近隣諸国と友好裡に交易を営み、それによって平穏無事に国を保ってきた事実をとくに強調したのです。ところが、明治政府は、琉球側のこうした主張にもまるで耳を貸そうとはしないで、一方的にその意思を貫徹させたことは既に述べたとおりです。今から思えば、これが沖縄の不幸のはじまりでした。

＊「非武の文化」と「威武の文化」

第二尚氏⑤三代目の尚真王《しょうしんおう》（一四六五〜一五二六年）が、中央集権を成し遂げ、被支配者たちが武器を携帯するのを禁止して以来、沖縄は一種の文治国家に変貌し、武力の行使は許されませんでした。その実情は、一七五六年に**冊封**《さっぽう》⑥副使として中国から沖縄を訪れた**周煌**《しゅうこう》⑦が、いみじくも「小国の大勢弱ければ、すなわち久しく存し、強ければすなわちすみやかに敗らる。琉球の俗は兵を語ることを甚《はなは》だしく諱《い》み嫌う」（周煌、平田嗣全訳注『琉球国志略』三一書房　一九七七年　九七頁）と語ったとおり、長年にわたり非武の文化を育み、軍隊は存在しませんでした。あげく琉球の人びとは、平和愛好の民として国内外に知られるようになっていたのです。

こうした歴史的背景を受けて沖縄の文化は、本土他府県の文化とは際立って異なっていました。『沖縄の宗教と社会構造』の著者で元ハワイ大学のウイリアム・P・リーブラ教授は、本土他府県の文化を〝武士の文化〟もしくは〝威武の文化〟と規定する一方、沖縄の文化を、〝非武の文化〟もしくは〝やさしさの文化〟と規定しています（W・P・リーブラ、崎原貢・正子訳『沖縄の宗教と社会構造』弘文堂　一九七四年　一三頁）。

また、郷土史家の仲原善忠《なかはらぜんちゅう》（一八九〇～一九六四年）は、『**おもろさうし**⑧』の一五三〇首の古代歌謡と『**遺老説伝**《いろうせつでん》⑨』の一四二の説話とを合わせて一六〇〇余のデータを分析した結果、「殺す」という言葉がないことを指摘し、それは「殺す」という意識自体がなかったことだと述べて、沖縄の「やさしさの文化」を裏付けています（仲原善忠「石垣島事件―郷土兵戦犯減刑運動報告書」『おきなわ』第一巻第三号　おきなわ社　一九五〇年六月　五頁）。

＊日本、沖縄を組み込んで軍事大国へ驀進

平和な文治国家を国是とする沖縄に、明治政府が日本の軍隊を駐留させたほか、琉球側の反対を

押し切って那覇《なは》と首里の中間にある古波蔵《こはぐら》一帯のおよそ二万坪に及ぶ農民の肥沃《ひよく》な土地を強制的に買い上げ、そこに軍事施設を設置したのが、そもそも沖縄基地化の始まりとなり、そのあげく沖縄戦の悲劇を招来する遠因をなしたのです。

歴史に〝もしも〟ということはあり得ないとしても、沖縄が琉球処分によって日本の一県に併合された一大変動期において、もしも明治政府が琉球王府代表の主張を受け入れて、沖縄に軍隊を常駐させず軍用地の強制収用を見合せていたら、おそらく沖縄戦の悲劇は避けられたかもしれません。言い換えると、沖縄を古来から非武の〝無防備地域〟のままにして沖縄の人びとを戦争に動員しなければ、人口の三分の一を失うほどの致命的損害を受けずにすんだのではないかと思われてなりません。

しかし、不幸にして歴史はこれとはまるで逆の展開を見せました。「琉球処分」と称されるほど軍事力をバックにして強行された沖縄の廃藩置県で日本の南門の防備を固めた明治政府は、以来、「富国強兵」策を至上命題にして、国力を総動員してその実現を図りました。つまり、沖縄のような辺境地域の実情を顧みる雅量など一切持ち合わせることもないまま、一途に軍事大国への道を驀《ばく》進《しん》するに至ったのです。その結果、沖縄も自らの置かれた立場や役割を考えるゆとりもなく、国策のおもむくまま、巻き添えにされてまっしぐらに沖縄戦の悲劇へ突入して行かざるを得なかったのです。

【Ⅰ章—1　注】

①ナポレオン：フランス革命時の軍人・政治家（一七六九〜一八二一年）。国民軍を率いてヨーロッパを制覇、フランス皇帝となったが、モスクワ遠征の失敗から連合軍に敗れ、一八一四年エルバ島に流された。一五年に復帰するも、再び敗れてセント・ヘレナ島に流され、没した。

②廃藩置県と琉球処分：明治政府は一八七一（明治四）年七月、それまでの全国の「藩」を廃して「府・県」に一元化した。しかし、中国と冊封関係にある王国であった琉球は、他の地域と同列に扱うことができなかった。そのため明治政府は、段階的に琉球を取り込む計画を立て、まず翌七二年に、琉球を「琉球藩」とし国王を「藩王」にして華族に列した上、廃藩置県を琉球側に迫った。しかし、琉球側が従わなかったため、一八七九（明治一二）年、処分官松田道之を軍隊・警察約六〇〇名と共に派遣、松田は、首里城内で「琉球藩を廃し、沖縄県を設置する」ことを通達、首里城の明け渡しを命じた。ここに事実上琉球王国は終わりを告げた。この一八七二年から七九年までの一連の過程を「琉球処分」と言う。単なる廃藩置県とは違って、明治政府自身が「処分」と言うとおり、琉球側の意志を完全に無視した一方的な強権で断行された廃藩置県であった。

③鎮台：明治維新後、全国に配置された陸軍の拠点。東京、仙台、名古屋、大阪、広島、熊本の六か所に置かれた。熊本は、第六鎮台と呼ばれた。

④正院：明治初期の一時期設置された政治の最高機関。太政大臣、左右大臣、参議等で構成。

⑤第二尚氏：琉球王国は、二つの王統からなっている。琉球を統一した尚巴志の王統を第一尚氏（第一尚王統　一四〇六年から七代六五年続く）、続いて尚円から始まる王統を第二尚氏（第二尚王統　一四七〇年から一九代四〇九年続いた）と呼ぶ。

⑥**冊封**：中国の皇帝が臣下の国の国王を任命すること。その詔勅を携えて来る使者を冊封使と称した。

⑦**周煌**：一七五六年、尚穆《しょうぼく》王の冊封副使として正使全魁《ぜんかい》とともに来琉した。翌五七年にその時の記録を『琉球国史略』（全一六巻）に著した。（?～一七八五年）

⑧**おもろさうし**：一二世紀から一七世紀にかけて沖縄各地で歌われていた「おもろ」と呼ばれる沖縄の叙事的歌謡を琉球王府が編さんした沖縄最古の歌謡集。全二二巻からなり、一五五四首が収録されている。

⑨**遺老説伝**：沖縄の各地に古くから伝わる民話など一四二話を集めた口碑伝説集。一八世紀初期に編纂されたものと見られる。

2　皇民化教育の推進と徴兵令の施行

＊薩摩の琉球侵略と、琉球の中の「日本化」志向

沖縄の日本化という事態の展開に拍車をかけたのが、他ならぬ沖縄における極端で拙速な皇民化教育の推進でした。沖縄の為政者や有識者たちが、沖縄の人びとの日本化＝皇民化を計ったありようは、一七世紀の半ばごろまでさかのぼることができます。すなわち沖縄の三大偉人の一人と称された羽地《はねじ》朝秀《ちょうしゅう》（向象賢《しょうじょうけん》　一六一七～一六七五年、近世琉球の基礎を築いた政治家）が、『**羽地仕置**《はねじしおき》』①

の中でいわゆる「**日琉同祖論**《にちりゅうどうそ》②」を唱えて以来のことで、その背景には次のような政治的思惑がありました。

一六〇九（慶長一四）年三月、薩摩藩主・島津家久《しまづいえひさ》は、琉球王府に対し、豊臣秀吉の朝鮮出兵に際し、兵士と食糧とを提供するよう要請したけれども琉球王府がそれに応じなかったことや、薩摩のもろもろの指示に従わないことを口実にして、徳川幕府の許可を得て一〇〇余隻の船に約三〇〇〇人の兵士を分乗させて琉球に攻め入りました。

ちなみに薩摩の琉球侵略の真の狙いは、琉球が中国との間で営んでいた**進貢貿易**《しんこうぼうえき》③の利益を自らの手中に収めるためでした。

琉球王府側は、尚真王が武器を廃棄して以来、約一〇〇年もの間、戦いの経験もなく平和に馴れ親しんでいたので、鉄砲で武装した薩摩軍にひとたまりもなく敗退しました。そして時の尚寧王《しょうねいおう》（在位一五八九〜一六二〇年）は約一〇〇人の重臣とともに捕虜にされ、鹿児島へ連行されました。

こうしてそれ以後、琉球王国は、薩摩の属領にされたのですが、薩摩は、中国との間の利益の多い進貢貿易を存続させるため、琉球王国を形の上では旧来どおりそのまま残す方策を講じました。当時、日本は幕府の鎖国政策によって外国との貿易が許されず、中国との進貢貿易は、琉球王国だけが自由にできたので、薩摩はそれを利用しようと計ったのです。

すなわち薩摩は、琉球をその附庸国にしている事実が中国に知れわたると、せっかく手に入れた有利な進貢貿易が中止されかねないとの懸念から、琉球との関係をひた隠しにしただけでなく、琉球の人びとが「日本化」するのを禁止しました。ちなみに一六一七年、薩摩は、琉球人が日本人のような髭《ひげ》を生やしたり、日本人のような髪形や衣装を用いることを禁じ、違反者は処罰する旨、通達を出しましたが、その後一六二四年には再び琉球人が日本風の名前をつけたり、日本風の服装、身なりにするのを厳重に禁止する取り締まり令を公布しました（比嘉春潮『沖縄の歴史』沖縄タイムス社　一九五九年　一七八頁）。

その反面、薩摩は、日本国内における自らの政治的勢力を伸張し、いちだんと権勢の拡大をはかるため琉球王国との関係を巧みに利用する方策もとっています。すなわち、日本全国の諸大名の中でも、琉球という「独立」王国を属領にしているのは薩摩藩だけだということを事ある毎に誇示したのです。そのために琉球王国をことさらに外国視させるさまざまな手段を講じました。

たとえば、幕府の慶事に際し、琉球から**慶賀使**《けいがし》の④一行が鹿児島を経て江戸へ向うときなど、一行の一人ひとりにわざわざ中国風の服装をさせ、日本語ではなく琉球方言を使わせたりしたほか、その往来にはとくに中国音楽を演奏させたりしました。その上、一行の行列の模様を、日本のそれとはまったく異ったふうに彫らせた木版刷りのビラを道中の人びとに配布するなど、工夫をこらしたものです。かと思うと、中国から冊封使が琉球を訪れたときなどには、琉球との関係を悟られないようにするため、薩摩の役人たちを首里、那覇から遠ざける一方、琉球人が日本語を使ったり、日本風の服装をすることを厳禁したほか日本の物品を用いたりすることも禁じました（ジョージ・H・カー著『琉球の歴史』琉球列島米国民政府　一九五五年　二一〇頁）。

こうした薩摩の琉球支配のいびつな政策の影響を受けて琉球人は、日本人でもなければ中国人でもないといった、まったくの「宙ぶらりん」の状態に置かれました。あらためて指摘するまでもなく、人間は、自分が何者なのか判然としない、もしくは自らの帰属先が曖昧《あいまい》で不安定な情況下では、落ち着いて暮らすことはできません。ナショナル・アイデンティティ（国民的同一性）喪失の危機に陥らざるを得ないからです。

そこで琉球の秀《ひい》でた為政者たちは、琉球の人びとが心の安らぎを得られるようにするため、人びとの帰属先を明確にする必要がありました。先に述べた羽地朝秀の「日琉同祖論」も、いわばその一つの方策だったのです。

彼は、「ひそかに考えると、此国の人は　初め日本から渡って来たことはうたがいない。されば今日でも天地山川、鳥獣草木の名まで　みな似ている。言葉づかいが多少ちがうのは　遠国のため久しく交通しなかったためである。五穀も人と同じく日本から伝わって来たものである」（仲原善忠著『琉球の歴史』上　琉球郷土史研究会　一九六九年　八四頁）と述べ、琉球と日本とはもともと一体であったから、琉球人は早く日本と同化するのがよいと主張して、人びとが積極的に日本の事物を学ぶように督励したのです。

その後、卓越した政治家として知られる蔡温《さいおん》（一六八二〜一七六一年）も、ほぼ似たような政治的思惑から薩摩の「琉球侵略」によって琉球が日本と一体化したことは、琉球の人びとにとって大きな利益だと強調し、それによって薩摩と琉球王府による二重の支配下で苦しんでいた人びとに生きるよすがを与えるべくつとめました。

そこから彼は、「毎年お国元（薩摩）へ租税を上げることは　たいへんな損のように見えるが　実は大そうな利益になっている。というのは、この国（琉球）は　昔は政治もみだれがちで、百姓も油断いたし、物も不自由で　わがまま勝手な風俗で、時々革命さわぎもあり、困難なことであったが、お国元の支配になってから、風俗もよくなり、農民も勤勉になり、誠にけっこうな世になったのも、島津のおかげである」（仲原、前掲書　八五頁）と述べて薩摩の統治を賞賛しています。

もともと蔡温は、中国寄りの人だと見られていましたが、彼の個人的好みを離れて、薩摩の支配下における政治の大勢を見通し、琉球の人びとに日本化志向を推奨したのです。

蔡温のこうした日本化志向政策に引き続き、一九世紀には、宜湾朝保《ぎわんちょうほ》（一八二三〜一八七六年）という当時を代表する政治家が琉球の日本化を推進するといった具合に、琉球の優れた為政者たちは、おしなべて琉球人の日本化を治政の眼目にすえました。

＊日本化志向、「皇民化教育」に受け継がれる

日本化志向の政策は、一八七九（明治一二）年の廃藩置県後も受け継がれましたが、とりわけ翌一八八〇年から始まった沖縄における普通教育は、文字どおりの「皇民化教育」でした。**沖縄教育会**⑤の機関誌『**琉球教育**』⑤によると、沖縄の教育者の最も重要な任務は、「此の民をして軍国の民たらしめること」であり、「本県上流の青年をして忠勇なる軍人たらしめ　以て、軍人精神、国家思

想を頑迷《がんめい》無知なる一般人民に起こさせること」であったのです。

こうした発想に基づいて、沖縄の教育者や指導者たちは、廃藩置県によって日本の「新付《しんぷ》の民」となった沖縄の人びとを教育の力によって本土他府県に同化させ、日本人としてのナショナル・アイデンティティを確立させようと躍起《やっき》になったのです。

それというのも、日本政府や本土他府県人が沖縄の実情に疎《うと》かったばかりでなく、沖縄の人びとの古来の風俗や習慣に対して理解が欠如していたこともあって、ともすれば沖縄の人びとを野蛮視し、差別や偏見の対象にしがちだったからです。そのため沖縄側では教育を普及することによって、県民の知的レベルを〝本土なみ〟に引き上げさえすれば、こうした差別や偏見から解放されるにちがいないと考えたわけです。

＊皇民化教育のありよう

沖縄の教育者や指導者たちは、あまりにも皇民化を急ぎ過ぎました。そのために、教育は、そもそもの当初から今日的な人間教育とはまるで無縁のものとならざるを得ませんでした。すなわち沖縄の教育は、日本化を一義的目的として強制され、ひたすらに天皇の忠良な兵士を育成することを至上命令とする結果となったのです。

そのありようは、東京から総理大臣や大物政治家が沖縄を訪れては皇民化の重要性を説いたのをはじめ、将官クラスの軍部首脳が相次いで来沖して、皇国民の育成を鼓舞《こぶ》するという具合でした。

こうして県下の男女中等学校や師範学校には他府県よりも先に御真影《ごしんえい》⑥が導入されたほか、男子中等学校などでは早くから兵式教練も実施されるようになりました。

図式化すれば、沖縄の教育は、

政府・軍部首脳の来沖→御真影の下賜《かし》→軍事教練の実施→皇族の来訪→神道の布教

といった形で展開されたのです。言い換えますと、教育は当初から軍事教育と不可分に結びついて行われたのです。

＊軍国主義精神の注入の仕方

日本政府は、先にふれたように富国強兵策を国家の至上命令として推進するとともに天皇を「現《あら》人神《ひとがみ》」として神格化し、天照大神《あまてらすおおみかみ》を国民の信仰生活の中心に据えて、国家神道の普及・徹底をはかりました。

その結果、沖縄の古くからの民間信仰が国家神道に組み込まれていきました。日本政府は、一八九〇（明治二三）年一月、沖縄県民に皇室に対する崇敬心を浸透させるため**琉球八社**⑦の中心、波上宮《なみのうえぐう》を**官幣小社**《かんぺいしょうしゃ》⑧に格上げしました。そして一九〇二（明治三五）年には、沖縄県当局が「国家安全、忠君愛国の士気を養う印《しるし》」として波上宮に天照皇大神宮《てんしょうこうたいじんぐう》の大麻《たいま》（お札《ふだ》のこと）を頒布《はんぷ》する許可を与えるなど配慮しました。

こうして中央政府の国策に順応する形で、いつしか沖縄各地に散在する御嶽《うたき》や拝所《はいしょ》などは、村社として整理、統合された上、本土他府県なみに拝殿や鳥居《とりい》なども建立されるようになりました。つまり、県当局は、「神宮尊崇《そんすう》の念を昂揚し　以て皇国精神を振起し　国民的団結を強固にする」として、県内の各市町村に少なくとも一社ずつ神社の建立を義務づけたほか、個々の民家に「神宮大麻《じんぐうたいま》」（伊勢神宮のお札）を普及させることによって人びとに軍国主義精神を浸透させようとはかったのです。

＊沖縄の指導者たちの「皇民化」への取り組み方

性急な皇民化の促進、国家主義の高揚に最も熱心に取り組んだのが、他ならぬ県内の教育者たちであり、また社会教育活動の中心であった新聞人たちでした。

一八九三（明治二六）年九月に沖縄最初の新聞、『琉球新報』ができましたが、この新聞は、編集方針の基本に国民的同化を据《す》え、次のように論じたほどでした。

「沖縄は、古くから日支両属という変態的地位に置かれてきた結果、両国から異種異様の習俗が混入し、国民的同化を阻害するにいたった。そこで、この異種異様の習俗を改めて、〝国民普通の習俗〟を養成することは、〝沖縄をして健全なる日本国土と化せしむる唯一方策なり〟」

このような考え方に基づいて、『琉球新報』は、新聞が創刊された目的は、県外の人びとに対して沖縄の真相を紹介し、それによって他府県の人びとの沖縄と沖縄人に対する誤解を解くと同時に沖縄人の国民的存在を知らしめる一方、県内の人びとに対しては、本土他府県の事情を理解させ、自らの地位を自覚させることだ、と公言して憚《はばか》りませんでした。その上、その具体的方法についても、こう述べています。

「わが県民をして同化せしむるということは、有形無形を問わず、善悪良否を論ぜず、一から十まで内地各府県に化すること、類似せしむることなり。極端にいえば、クシャメすることまで他府県人の通りにするというにあり」と（一九〇〇年七月五日付社説「女子教育と本県」に関連して述べられている）。

沖縄唯一の新聞が、このように沖縄の言語、風俗、習慣を改めて他府県人に似せよ、と説き続けたことは、県内各界の指導者たちにそのまま受け継がれ、それが社会教育の根幹をなすに至りました。すなわち、日本化を促進することが、とりもなおさず沖縄の指導者たちの社会的地位の向上、ひいては安定に有利に作用すると思ったからです。

しかし、そのこと以上に、沖縄の人びとが他府県人から偏見の的《まと》になり差別されていたことに沖縄の指導者たちが屈辱感を抱いていたこと、さらには沖縄が中央政府から忘却されているとして不満を抱いていたからに他なりません。彼らは本土他府県人の沖縄の人びとに対する差別意識を克服し、中央政府に沖縄を他府県並みに処遇してもらうためには、県民を他府県人に同化させることこそが不可欠の前提条件だと考えたのです。

こうした考え方は、県の行政当局者にも共有されていました。中央政府が沖縄県のことを忘却して顧みないとして、真っ先に抗議の声を発したのは、他ならぬ第一〇代県知事の高橋琢也《たかはしたくや》（在任一九一三〜一四年）でした。

高橋知事は、中央政府は沖縄を忘れてもっぱら資源の豊かな台湾の発展だけに巨額の金を支出しているとして、「是《こ》れ世人が沖縄を忘れたる証拠にあらずして何ぞや。夫《そ》れ台湾と沖縄は大小の差こそあれ、国家の一分子として毫《ごう》も軽重あることなきも、其の待遇に至りては差隔《さかく》の甚しきこと斯《か》くの如し、誰が沖縄の不幸を嘆ぜざるものあらんや」と悲憤慷慨《ひふんこうがい》していたからです。

高橋知事の言い分では、中央政府は、廃藩置県後、七、八年の間は、沖縄県に対してもいろいろと配慮し、諸制度の改革にも力を入れてくれたけれども、年とともに沖縄に対する関心を失うようになった。すなわち「台湾という新婦を迎えたるために沖縄という旧妻は措《お》いて顧みざる観を呈し　何時《いつ》の間にか沖縄は世人に忘却せられたる傾きあり。看《み》よ　置県以来すでに三十五星霜を経たるに、此の間　果《はた》して幾何《いくばく》の進歩発達を為したりや」というわけでした（くわしくは拙著『沖縄の民衆意識』　弘文堂新社　一九六七年　一〇二頁を参照）。

したがって、新生沖縄県が昔ながらの沖縄と変わり映えもせず、文化の発展が遅滞しているのも、「斯《かか》る不幸に陥らしめたる原因をたずぬれば、何人《なにびと》か沖縄を忘却したる結果に帰着せざるをえず」と主張したのです。

＊沖縄インテリたちの深い焦燥

沖縄の新聞は、常に声を大にして県民の国民的同化、つまり日本化＝皇民化の重要性を強調し続けました。また沖縄の優れた指導者であればあるほど、新聞のこうした主張に同調して沖縄県民の皇民化の促進に熱中したのでした。たとえば、沖縄学の父として知られる伊波普猷《いはふゆう》（一八七六～一九四七年）は、「日琉同祖論」を学問的に立証するために沖縄研究を始めたと一部の人びとに評されていますが、自らこう記しています。

「『自分は品性もあり学問もあるのに、一向に昇進しない』と愚痴をこぼす沖縄青年にたいし、『君の家庭が全然日本風になるまで、君は君の欲望を少なくしておかねばならぬ。君がいかに国民的自覚をなして、忠君愛国を唱えたからといって、君の言語、風俗、習慣が、上官のそれと一致しないかぎり、君は君の上官に了解せられるものではない』」

こうして伊波は、「沖縄において何よりも急務なのは、言語、風俗、習慣を日本化させることだ。……これがやがて沖縄発展の出発点である」（拙著『沖縄崩壊――〝沖縄の心〟の変容』ひるぎ社一九七六年　一四四頁）と述べるなど、前引の先人たちと同様に沖縄の人びとの日本化に積極的な役割を果たしたのですが、彼はその動機を次のように語っています。

「自分は少年のころから他府県人と沖縄人との間には一大塹壕《ざんごう》があるように感じどうかしてこの大塹壕をうめたててみたいと思っていた。後日沖縄人は大和民族であるということを自分が研究の立場から称え出して両民族の間に精神上のわたりをつけようとしてこれも亦《また》口に忠君愛国を称《とな》えなどしているのと同じく一種の愛国的行為であると確信するようになったのである。そして自分は今日まで他府県（人）に向っては可成《かなり》沖縄の長所美点を唱えて沖縄を紹介し本県人に対しては可成本県の短所欠点を指摘して青年を自覚せしめようとしている。自分は決して善い加減なことはいっていない積りである。併《しか》し人種問題は感情の問題である。感情は保守的なものであるから理屈の上では沖縄人が大和民族であると知っていても双方の感情は容易に承知しない。其上二千年の間別々に発達して来た為に言語風俗習慣心理状態などに多少の差異を生じお互に其人種的欠点が目につき過ぎて容易にうちとけ難くなったのである。そうしてお互に心の中でつまらないといっている。……先生はこちらの奴はつまらない皆野蛮だといえば、生徒はなに先生もつまらない高慢だということになる。こんなことではとても感化は行われない。教えられる人が近づいて来ても教える人が親しんで呉れなければ教化の事業は決して実のあがるものではない。教えられる者の心中に美質があると信じて之を尊敬しない以上は真の教育はできない……」（現代かなづかいに直して引用、『伊波普猷全集』第一〇巻　平凡社　一九七六年　三三六頁）

これからも明らかなとおり、伊波の文章には、はしなくも日本化を志向しながらも、十分に日本化し得ない沖縄のインテリたちの一種の焦燥感が浮き彫りにされています。と同時に、日本化＝皇民化は、沖縄の人びとにとって必ずしも安易に、かつ円滑に推進されたわけでもなかったことが判明します。というのは、伊波の言葉に加えて、『琉球の歴史』の著者、ジョージ・H・カーも、こう語っているからです。

「著者の研究の結果、諸記録は、日本内地の人々が即座に琉球の人々を日本人として受け容れようとする気持よりも、琉球の人々が日本人として認められ、受容れてもらいたい気持の方がはるかに強いことを示すものであることを知った。

要するに、沖縄人自身は天皇の忠良なる臣民であることを認められたかったのだけれども、他府県の人々は、彼らを同資格の臣民と認めるだけの用意を十分持ち合わせていなかった。沖縄人に対する一般の態度は、主人顔の都会人が田舎者の従兄弟の存在を認めることを強いられたときの態度に似ていた」（ジョージ・H・カー、前掲書 三七一頁）

カーは、またこうも述べています。

「日本が琉球王を廃位させ、琉球の実権を握って以来八十年、日本は経済的にも、文化的にも琉球の命の綱となった。しかし日本にとって琉球は単に軍事的な前線基地として、あるいは中国と争ってわがものとしたために一九世紀日本の〝顔〟が立つことになった一種の植民地としてのみ重要性があった。日本の政府は、あらゆる方法をもって琉球を利用するが、琉球の人々のために犠牲をはらうことを好まないのである」

＊徴兵令の施行に見る「国民的同化志向」

思うに沖縄の人びとが、やみくもな皇民化教育のもとで、他府県人と同様の日本人になろうとひたすらに努力したにもかかわらず、他府県人からは同等の日本人として処遇されなかったのは、一つには、沖縄では一八九八（明治三一）年まで**徴兵令**⑨が施行されておらず、したがって天皇の忠良な臣民としての資格要件に欠けると他府県人から見なされたことも崇《たた》ったようです。

したがって一八九八年一月に沖縄でも徴兵令が施行されるようになると、他の誰にもましてこれを喜んだのは、地元の指導者たち—すなわち新聞人であり、教育者たちでした。彼らは、徴兵令の適用によって、はじめて沖縄県民は、言葉の真の意味で「天皇の忠良なる臣民」として本土他府県人に伍することができた。言い換えると日本臣民である権利を行使し、義務を果たすことが可能になったと考えたのです。あげく徴兵令が施行された結果、沖縄の人びとの忠誠心を本土他府県の人びとに認知させる絶好の機会が与えられたと受け止めたのです。

『琉球新報』は、その後の日露戦争で沖縄から出征兵士が出るようになると、「いまやわが沖縄県民は、今上《きんじょう》陛下忠良の臣子《しんし》なり。愛国熱情の国民の一部なり」と称賛したばかりか、県民の戦死者の数がふえればふえる分だけ余計に「沖縄県民の面目をほどこすことになる」と、社説で説きました。こうして徴兵令の施行後は、沖縄の指導者たちは、これで県民も他府県人に比べて「天皇の忠良なる臣民」として何一つ欠ける点はない、と自慢の種にした（くわしくは、拙著『沖縄の民衆意識』第七章「同化政策の遂行」を参照）のですが、そのような見方・考え方は、中央政府の為政者や軍部の考え方を甘く見たことからくるいわば誤解にすぎませんでした。

事実、日本軍部隊の指揮官たちは、沖縄県からの新入兵士たちをまるで信用していなかったからです。当初から沖縄出身兵たちを低く見て、わずかに命令どおりに動けばよい歩兵科だけに編入するなど〝特別待遇〟を指示したのです。沖縄出身兵士たちが、騎兵とか砲兵、工兵といった特別兵科に編入されるようになったのは、徴兵令の適用から一〇年程も後になってからだったのです（大田、

前掲書　三九五頁）。

徴兵令が施行され、いよいよ沖縄からも新兵たちが軍隊に入隊するようになったとき、地元の新聞は、「諸君入営後の成績については、軍務当局者は申すに及ばず、全国の人はみな注目するところなるべし。したがって諸君入営後の成績如何は、因《よ》ってもって本県民度の高低を推断せらるるの証左となるものなり」（『琉球新報』一八九八年九月二二日付の「新入兵諸君を送る」の論説）と社説で強調したものの、しょせん、こうした期待も〝期待外れ〟に終わらざるを得ませんでした。

したがって、地元新聞の社説が、沖縄出身兵士たちの入営服役は、国家に対し直接に国民としての義務を果たすとともに後進者たちに好模範を示し、あわせて「本県民の真価値を全国に紹介する重大責任があり、かつそれは県下永久の幸福をはかることにもつながる」と論じたにもかかわらず、何ら実を結ぶ結果とはならなかったのです。

もっとも、日本の軍部隊の幹部たちは、一方では沖縄出身兵士たちの忠誠心に露骨な不信感を抱いていたかと思うと、他方では彼らをほめそやし、おだてあげることも忘れませんでした。沖縄県からの新入兵士たちは、当初、小倉《こくら》歩兵第十四連隊と同第四十七連隊に入隊しましたが、同地の新聞『門司新報』は、沖縄出身兵士たちの軍隊内の様子を次のように報じました。

「……沖縄兵の入営以来、教官助教の任にある者常に皇室の尊厳にして世界無比なること、及び護国の義務を説述講話してもっぱら精神教育に力を尽せしを以って、入営後日尚浅きも、すでに大義の重きを知り、一に吾が皇室の尊栄にして忠順の忽《ゆるがせ》にすべからざるを銘心《めいしん》し、内地徴兵に一歩も

譲らざらんことを期すに至れり」（『琉球新報』一八九九年一一月一九日付）

また直接に沖縄出身兵士たちの教育に携わった第八師団の一教官は、「植えて見よ花の咲かぬ里は無しとやらで、兵勇もあながち出身の土地ばかりには依らぬ。それは当団下の各隊にある沖縄兵が何よりも適確な証拠を示している」と言い、語をついでこう語っています。

「〝我〟のないのが兵卒には最も適当で、その点沖縄兵の長所である。彼らは、南長や北豊あるいは肥筑《ひちく》出身の兵卒のごとく機智ある者は少ないが、一度教えておいたことは墨守（ぼくしゅ）してごまかすことがない。上官の機嫌を迎えるということには不得手だが、命令を等閑（とうかん）に付することは断じてない。戦線では、斥候《せっこう》のごとき独立任務には不合格である。これは沖縄兵が自動的な機変《きへん》に乏しいためで、その代り指導者があって地点を指定し、ここを防守せよと命じたら大盤石（だいばんじゃく）で、いかに猛烈な攻撃を受けても微動だにしない。弾薬のあらん限り性根の続く限り頑強に防戦するのである。言いかえるなら進撃的動作より防御的なものに向いているのだ」（『琉球新報』一九〇〇年二月二四日付。傍点は引用者、以下ことわりない限り同様）

もし、こうした評言が真実だとすれば、沖縄出身兵士たちの〝我〟のない、つまり主体的な判断のないありようこそが、後の沖縄戦の過酷なまでの犠牲をもたらす一因となったと言えなくもありません。

＊一般民衆の徴兵忌避

もともと沖縄の人びとは、平和愛好の民だけに戦争には不向きでした。ですから徴兵令が沖縄に適用されるようになったとき、地元の婦人たちは、不安にかられ波上宮《なみのうえぐう》や円覚寺に詣《もう》でて、わが子や夫が徴兵検査に合格しないよう祈願して止まなかったのです。また一般の世論も、世の指導者たちの考えとは裏腹に、軍隊教育にも徴兵にも大反対でした（ジョージ・H・カー、前掲書　三七二頁）。とくに年老いた人びとには、「沖縄に軍隊をおくことは、いたずらに外敵の侵入を招き寄せる原因になるだけ」だと固く信じている者が少なからずいたからです。

とりわけ〝非武の文化〟に育った一般民衆は、皇民化を声高に唱える指導者たちの期待に反し、徴兵検査の前にハワイなどへ逃げ出す者もいれば、故意に目玉を線香で焼いたり、手をハブに咬ませたり、あるいは自分で指を切り落とすなど、自ら肉体を損傷して、徴兵忌避《きひ》をはかる者が後を絶たない有様でした（くわしくは新川明『異族と天皇の国家―沖縄民衆史への試み』二月社　一九七三年一八五～二〇一頁を参照）。

あまつさえ、徴兵検査官の強引な態度に激高《げっこう》した一般民衆が徴兵検査場を襲う事件が発生したことさえありました。ちなみに、一九一〇（明治四三）年五月、沖縄本島北部の本部村《もとぶ》（現本部町）字桃原《とうばる》の民衆による「**本部事件**」[10]は、その一好例です。

こうした徴兵忌避に端を発して暴動が起こったことなどもあって、軍部当局者に言わせると、沖繩県は、全国でもっとも多くの徴兵検査不合格者を出した不埒《ふらち》な県、つまり、最少の兵員しか供給できない「軽蔑すべき最低県」という烙印を押されたほどでした。こうした事態が、沖繩の指導者たちの心をいたく傷付けたことは否めません。

＊沖繩出身兵たちの宿命

沖繩の指導者たちは、後先の見境もなく皇民化に狂奔しただけでなく、機会を捉えては県内の若人たちを叱咤《しった》激励して軍人精神の涵養《かんよう》に努めました。その結果、体格が劣弱だとして徴兵検査で落ちて兵士になりそこねた人びとは、軍関係の労務者として数々の使役に甘んずるよりなかったので、その不満を精神主義で解消するか、いちだんと皇民化を促進することによって埋め合わそうとする者さえ出るほどでした。

一方、徴兵検査に合格して入隊はしたものの沖繩県出身の兵士たちは、他府県出身の兵士たちから民度が低いと馬鹿にされたり、体格の劣るのを嘲笑されるなどの屈辱を味わう羽目となりました。そのあげく、身を挺して国に殉ずることで劣等感を払拭しようとはかる者も少なからずいたのです。

こうして、明治も末年近くなると、地元新聞には県出身兵士を称賛する論説が目立ってふえました。たとえば一九一一年一月二五日付の『琉球新報』は、徴兵令が施かれてから一〇余年を経過した沖繩には、至る所に在郷軍人がいると述べ、その中には日露戦争における功績で位階勲等《いかいくんとう》を受けるなどして、沖繩県人の間に忠君愛国の念を高揚させただけでなく、兵役の義務の尊さを理解させた、と書き立てました。また、日露戦争で二〇〇〇人余の沖縄出身兵士が戦場に出るに至ったと、次のように称賛したものです。

「祖国のために砲烟弾雨《ほうえんだんう》の中白刃《はくじん》の下を潜りて以て兵役の義務を全うしたるもの、我沖縄県下開創以来初めて見るところの壮挙偉烈《いれつ》の一なり。しかもその征戦の地に在る当時の諸君の一挙一動は、じつに我日本帝国の同胞が注視おかざるところのものにてありき。されば上は帝国の高官有司《ゆうし》より下は我々県民に至るまで、諸君があっぱれ武勇をほしいままにしたるを賞讃す。これ、一は祖国のためにかくの如き勇強の人民あるを知らしめ、一は我が県民およびその曽祖（そうそ）に対し範をたれたり。……諸君が戦地における報道一として勇強絶倫の誉《ほまれ》ならざるはなし。曰く、沖縄県下出征軍人の特質は強敵に向って恐れず、克（よ）く上官の命令に服して身命を顧みるものなし。攻戦においてまた守戦において最も勇武の民族たるを証《あか》すというなり……」

この論説からも判然とするように、沖縄出身の兵士たちは、「身を以て国に殉ずる」「天皇のために命を捧げる」ことによって、「かくも忠勇の臣民あり」ということを本土他府県の人びとに知らしめる責務を負わされていたのです。つまり、沖縄出身の兵士たちも、天皇のため、国のために殉ずるという忠君愛国の念において、他府県人に劣るものではないことを、身を以て証しする使命を担っていたわけです。

沖縄の新聞や世の指導者たちは、そのことを倦《う》むことなく繰り返し強調して、戦場で沖縄出身兵士の戦死者の数がふえればふえるほど喜ぶという塩梅《あんばい》でした。いきおい、徴兵令が沖縄に施行された当初から彼《か》の沖縄戦の悲劇に行きつく種はまかれていたと言っても決して過言ではありません。

その点と関連してとくに目立つことは、何よりも教育の影響力の大きかったことです。すでにふれたとおり、沖縄の教育は、当初から天皇を崇敬し、忠君愛国の念を醸成することを主眼にした皇民化教育でした。そして新聞も社会教育の有力な媒体として積極的に皇民化教育に熱中したことは、当然の成行きでした。すなわち地元新聞は、やみくもにこう論じていたからです。

「日本帝国は島国なり。沖縄県下は島国中の島国なり。帝国臣民の性格がさらに一段の添加を要せざるべからざるごとくに沖縄県民の性格も大なる添加を見ざるべからず。万事が遅ればせの天地なる帝国が、おくればせながらも今日の有様にまでこぎつけたるは、じつに教員の力なり」と論じ、「おくれたる者は走るより外はなく、今や沖縄県民に駆け足進軍の号令はかけられつつあり、少なくとも普通教育という全県幾多の小学校の教師諸君は、進軍部隊の隊長もしくは小隊長、分隊長、伍長のいずれかたらざるものはなし」と（『沖縄毎日新聞』一九〇六年四月一六日付）。

【Ⅰ章―2　注】

①**羽地仕置**：羽地朝秀が摂政在任中に出した王府の行政や地方支配、風俗、冠婚葬祭などに至る布達書《ふたつしょ》。

②**日琉同祖論**：文字どおり、琉球人と日本人とは、もとをたどると同じ祖先であるという考え。最初、薩摩の儒学者・南浦文之《なんぽぶんし》が唱え、後に琉球にもたらされた。

③**進貢貿易**：琉球王国時代、琉球と中国の間で行われていた貿易のこと。中国の皇帝への進貢（朝貢）を名目として行われた。進貢船は馬や刀、硫黄、南方産の胡椒や香木など皇帝への貢物のほか一般貿易品

も積んで出かけた。進貢に対して皇帝から絹織物などの頒賜品があったほか、一般貿易も多大な利益を上げ、琉球王国の大きな財源となった。

④慶賀使：薩摩の支配下、琉球は、江戸幕府の将軍が変わるときには「慶賀使」を、琉球国王の代替わりのときには「謝恩使」を江戸に派遣することが義務付けられていた。「江戸上り」とも呼ばれる。旅程は約三〇〇日で、江戸には約一か月滞在、明治維新の慶賀使派遣まで一七回を数えた。

⑤沖縄教育会と『琉球教育』：一八八六（明治一九）年に発足した「沖縄私立教育会」を母体とする戦前の沖縄県の組織的な教育団体。明治三七年に「沖縄教育会」の名称となる。会員に教師や教育関係者、一般有志。会長には県学務課長があたり、総裁には県知事を置き、議員などを上層部に置いた。機関誌『琉球教育』を毎月一回刊行、皇民化教育を推進した。

⑥御真影：戦前、国から各学校に「下賜」された「天皇・皇后」の写真。忠君愛国の精神を養うために考えられたもの。校長の責任で奉安殿などに厳重に保管され、四大節（元日の四方拝、紀元節、明治節、天長節）などの儀式で会場に掲げられた。沖縄では一八八七（明治二〇）年、他府県に先駆けて、沖縄師範学校に「下賜」された。

⑦琉球八社：戦前、波之上宮、沖宮、識名宮、普天間宮、末吉宮、安里八幡宮、天久宮、金武宮を琉球八社と呼んだ。その由来は不明だが、いずれも一五世紀後半に建てられた真言宗の寺が併設されている。

⑧官幣小社：明治時代に制定されたもので、国家神道のもとでの神社の社格の一つ。国から幣帛《へいはく》を奉献した神社を官幣社といい、大社、中社、小社、別格の四段階にランク分けされていた。第二次大戦後に廃止。

⑨徴兵令：明治政府が公布した国民皆兵の法令。満二〇歳になると男子は徴兵検査を受け、合格者は入

営して軍隊教育を受けた。本土では一八七三（明治六）年に実施されたが、沖縄では、一八九八（明治三一）年から施行された。

⑩本部事件：この事件は、徴兵検査の際、徴兵忌避の疑いのある青年に対して係官が麻酔をかけるなどして強引な検査を実施したことをきっかけにして起こった。それを知った一〇〇人余の村民が検査場に乱入、器物を壊したり、係官を殴るなどしたため徴兵官は軍刀を抜いて応戦、村民を場外に追いやった。夜になって数百人の村民が検査場を取り囲んだため翌日、警察官を動員して検査を終えた。二三人が騒擾《そうらん》罪で起訴され、二一人が懲役刑や罰金刑を受けた。軍は、この事件をきっかけに徴兵忌避に対して弾圧を強め、徹底的な軍事教育を行うことになった。

3　いびつな皇民化教育の結果

＊河上肇の舌禍事件と沖縄言論人

沖縄の新聞や世の指導者や教育者たちが、何よりも神経を尖《とが》らせて、過敏に反応したのは、「沖縄人は忠君愛国の念に乏しい」といった評言に対してでした。その一つの事例は、一九一一（明治四四）年四月に沖縄を訪れた京都帝国大学助教授河上《かわかみ》肇《はじめ》の舌禍《ぜっか》事件です。河上助教授は、糸満《いとまん》の経済事情について調査するため沖縄へやってきたのですが、県当局の依頼を受け、県教育会で「新時代来る」と題して講演しました。ところが、それがはしなくも舌禍事件を引き起こす結果となりました。舌禍事件の原因となったのは、彼の次のような発言でした。

「余が沖縄を観察するに沖縄は言語、風俗、習慣、信仰、思想その他あらゆる点において内地とその歴史を異にするがごとし。而《しこう》してあるいは本県人を以《も》って忠君愛国の思想に乏しという。然《しか》れども、これに決して嘆ずべきにあらず。余はこれなるが為に、却《かえ》って沖縄人に期待するところ多大なると同時にまた最も興味多く感ずるものなり」

「今日のごとく世界において最も国家心の盛なる日本の一部に於《おい》て、国家心の多少薄弱なる地方の存するは、最も興味あることに属す。如何《いかん》となれば、過去の歴史について見るに時代を支配する偉人は多く国家的結合の薄弱なるところより生ずるの例にてキリストのユダヤに於ける釈迦《しやか》の印度《インド》に於けるいずれも亡国が生み出したる千古の偉人にあらずや」

「若《も》しユダヤ、インドにして亡国にあらずんば、彼の者はついに生まれざるゆえに仮令《たと》い本県に忠君愛国の思想は薄弱なりとするも現に新人物を要する新時代に於いて余は本県人士の中より他日新時代を支配する偉大な豪傑の現われんことを深く期待し且《か》つこれに対してとくに多大の興味を感ぜずんばあらざるなり」（『沖縄毎日新聞』一九一一年四月四日付）

この発言は、まず県下の指導者や新聞人たちに強いショックを与えずにはおきませんでした。前に見たとおり、彼らは、日夜県民の間に忠君愛国の至情を培養することに汲々とし、その成果もあがってようやく本土他県人に伍しても恥じない皇国民としての地位を築き上げることができたと自己満足していたからです。いきおい彼らは、河上助教授の発言の意味内容を含味《がんみ》するゆとりもなく、即座に感情的に反発し、口をきわめて同助教授を論難しました。『琉球新報』は、翌日、一面トップに三段抜きの「旅行家の本県評」という社説を掲げ、こう噛みつきました。

「河上助教授が本県民を指して忠君愛国の誠に欠けたると言い、さらにユダヤ、インドの亡国民の如く評下したるは、本県民の面上に三斗《さんと》の唊《たん》を吐いたも同然、聞き捨てならん」

しかも同紙は、その後、河上助教授が商業学校で「矛盾と調和」と題して講演することを知ると、すかさず「非国民的精神の鼓吹者再び演壇に顕れんとす」という論説をかかげ、「沖縄県民は、この人から再度何等の言を聴く要はない。非国民的精神を鼓吹する彼のごとき人は、日本帝国に存在する必要はない」として露骨に排撃する態度に出ました。その結果、河上助教授は二週間の滞在予定を早目に切り上げて沖縄を去りました。

注目に値いするのは、『琉球新報』のこうした容赦のない論評に対し、『沖縄新聞』も『沖縄毎日新聞』も同調して河上助教授を排撃するのに加担したことです。なぜなら河上助教授の講演内容は、沖縄が丸ごと日本の戦時体制へからめとられていく事態を防止するいわば唯一の反省の機会を与えるものだったからです。

歴史には、〝もしも〟といった仮定は成り立たないとは言え、もしもこのとき、沖縄の指導者たちが、河上助教授の発言を謙虚に受けとめ、日本帝国が追求して止まなかった富国強兵の中身を吟味し、かつ沖縄でやみくもに推進されていた日本化＝皇民化の内実を真剣に検証していたとすれば、おそらくは後に続く沖縄戦の惨禍は、いくらかなりとも避けられたにちがいありません。と言うのは、沖縄の指導者たちの間にも、河上助教授の説に理解を示す人びともいれば、少数ながら性急な皇民化教育の行き過ぎを批判する人たちもいたのです。

たとえば、伊波普猷の弟の伊波普成《いはふせい》（月城《げつじょう》　一八八〇〜一九四五年）や山城長馨《やましろちょうけい》（翠香　一八八二〜一九一九年）ら『沖縄毎日新聞』に拠って文芸活動をしていた何人かの人たちは、公然と河上助教授を支持する発言をしていました。とくに伊波は、「われわれは、琉球新報記者の頭の中にある忠君愛国家たらんよりは亡国の民といわれるのを喜ぶ」と次のように述べていたからです。

「昔から予言者は世に容れられなかった。神経過敏な三新聞が、河上助教授の真意を理解しえず、しかも立論の根底から反論もできず早合点して日本の国家主義を破壊する社会主義吹聴《ふいちょう》とみなして攻撃した。その結果、同助教授は、国賊的人物だと危険視されてほとんど放逐《ほうちく》されるような迫害を感じつつ琉球の小天地に容れられずに京都に帰った。沖縄は未熟な個人が烏合《うごう》の衆《しゅう》みたいに集まっているだけで、五十万の群豚は彼のような人物を容れえない。われわれはこの小天地に生れたのを悔み悲しく思う」

まことに痛切な評言というよりないのですが、こうした発言をなし得た者は、沖縄の知識人たちの中でも例外的な人びとでしかありませんでした。本来、言論・報道機関たる新聞は、他の何人にもまして言論及び表現の自由を尊重し、その擁護に全力を注ぐ責務を担っています。それにもかかわらず、沖縄では、当の新聞が自ら言論・表現の自由を踏みにじる暴挙に出たのです。

つまり、当時、いわゆる社会主義者や自由主義者たちを悪の権化《ごんげ》と見なし、その抹殺をはかっていた官憲でさえ、社会主義者もしくは共産主義者と見なされていた河上助教授の演説にはほとんどなんらの干渉さえしなかったのに、肝心の新聞が真っ先に言論を弾圧したばかりか口汚く罵倒《ばとう》してあえて放逐する挙に出たわけです。

しかもこれと類似の舌禍・筆禍事件は、その後も繰り返し発生しました。沖縄内部におけるこうした事態が、後に人びとにいかに深刻な影響をもたらすか、沖縄の新聞人たちには、まるで洞察できませんでした。いきおいその後の皇民化教育は、従来のそれにいちだんと輪をかけたいびつな形で推進される結果となり、一路沖縄戦の破局に向けて突入していく結果となったのです。

＊方言撲滅運動と方言論争

沖縄における皇民化教育がいびつな形で推進されたというのは、日本政府や県当局の官僚たちが、皇民化教育を進めるに当たって、沖縄の伝統的な風俗習慣は純正な日本人にふさわしくない異風、異俗と蔑視しただけでなく、まったく無価値のものと断定し、それらの全てを日本風に改めるべきだ、という考えに取り付かれていたということです。あまつさえ、沖縄的なものは、全て廃棄すべきことを鼓吹して止まなかったのです。つまり、沖縄的なものは、一切、抹殺するのでなければ、本土他府県人並の一級の日本人になることはできない、という発想で事に当たっていたということです。

時代は少しさがりますが、一九四〇（昭和一五）年一月に起きた悪名高い「方言撲滅運動」もその一つの現われに他なりませんでした。

同年一月、柳宗悦《やなぎむねよし》（一八八九〜一九六一年）ら日本民芸協会の一行が沖縄を訪れましたが、彼らは県当局が沖縄的なものを全て抹殺する運動の一環として地元の方言の使用を禁じているのに驚き、その行き過ぎを批判しました。そして、民芸協会員たちは、各地の講演会では、ことさらに沖縄文化の価値の高さを強調し、古くからの伝統文化を保存、尊重することの重要性について訴えました。

これに対し県学務課は、地元の三新聞に「標準語励行について」と題して声明を出して反論、民芸協会員の意見は沖縄文化に対する無責任なエキゾチシズムで、そのような趣味人の玩弄的《がんろうてき》態度は県民を惑わし日本国民の育成に役立つものではない、と述べました。その上、柳らが県当局の標準語励行の行き過ぎを指摘したのに対しても、県当局は、「標準語励行は挙県的運動で、民芸協会員の意見は、衷心から沖縄県の振興を念願する者のとらざる所」と論駁《ろんばく》していたほどです。

一方、柳ら民芸協会員たちは、同年一月四日付の地元三新聞に「沖縄県学務部に答うるの書」という一文を載せ、さらに民芸協会側の見解を明らかにするとともに、「標準語の必要なことは疑いないが、それを学ぶさい郷土の言語を蔑視するような態度であってはならない」と、沖縄方言の価値の高さに言及し、標準語と方言を併用するのが妥当だと主張しました。

県当局と民芸協会双方の主張は、真っ向から対立したまま、その後、論争は二月、三月と続いたあげく、三月にはついに中央の論壇にまで飛び火し、やがてそれは中央文化と地方文化の本質をめぐる論議にまで発展しました。

ちなみに双方の賛否両論が渦巻く中で四〇年七月に至り、評論家の杉山平助は、「標準語を徹底的に普及せしめるために従来の方言に圧迫を加えようとさえする県当局の方針はまったく正しい。琉球は、あらゆる方法をもって、その過去から脱却しなければならない。そのために言語革命なども、そのやむをえない手段の一つだ……標準語を普及せしめるには反対しないが、方言を圧迫することが悪いというのが柳の真意であろう。ところが、私は標準語を普及せしめるために方言を圧迫することは正しいとハッキリ言い切っている」と論じ、一段と論争に拍車をかける結果となりました。

杉山は、それは方言を圧迫する以外に標準語を普及せしめる実際的方法がないからだと述べ、沖縄県はあらゆる意味において、時代への恐ろしい立ち遅れを示しているので、「今こそ旧殻《きゅうかく》を脱して、新時代に立ち直らねばならないときである」（日本民芸協会『月刊民芸』一一・一二月合併号　一九四〇年　三二頁）と強く主張したのです。

すると柳は、同年八月号の雑誌『新潮』にこの主張に対する反論を載せ、「杉山氏の意見にはいまの沖縄の児童をして郷土の言葉に正視させ、何等それが他府県の方言に比して、文化的に低劣なる理由がありえないという精神的信頼をよびおこす必要のある意義がまるで見落されている」と指摘しました。

一方、県学務部は、四〇年六月下旬、地元三新聞に加えて『大阪朝日新聞』と『大阪毎日新聞』

の地方版に方言問題についての第二次声明を載せ、沖縄県における標準語励行は長い歴史をもっており、この方策に関してもいくたの紆余曲折を辿って現在に至っていると、こう強弁《きょうべん》するしまつでした。

「本問題は、単なる偶発的なものでもなく、また一部官僚の意図に基づくものでもなく、多年に亘る県民の痛切なる願望であり、それが時局の刺激を受けて熱烈なる県民運動と化し、今や着々とその実績を挙げつつある……。本問題は、弊県振興上極めて重大なる関心を有するのみならず、沖縄県振興が国家の現状より見ても極めて重要事なる為、従って国家的にも亦（また）極めて重大なる関係を有する。……特に時局重大なる折柄、無益無稽《むけい》なる御論議の御遠慮をお願い申上ぐる次第である」（前掲誌　二五頁）

＊方言撲滅運動の真の問題点

この方言論争は、県当局が主張するように無益無稽どころか、じつは戦争国策との絡みでこの上なく重要な意味をもっていました。そのことは、今日的観点から考えてみれば容易に判断がつくことですが、急速に戦時体制へ移行しつつあった当時にあっては、体制順応を指向するあまり、事の本質、またその影響の重大さを洞察し得る人は、あまりにも少な過ぎました。すなわち行政当局による容赦のない方言撲滅の提言は、表面的には皇民化促進運動の一側面にしかすぎなかったのですが、その根底ではまさに軍国主義の高揚、戦争遂行と併行してなされていた点こそが問題だったのです。

しかし、誰しもが時代の波に囚《とら》われ、そのことに気付いて人びとに警告を発し得る者はいませんでした。言い方をかえると、ひとたび大勢《たいせい》に巻き込まれると、それから脱け出すのは、個々人にとってほとんど不可能だったのです。一部の覚《さ》めた人びとが「沖縄的なもの」の抹殺について間接的に不安を表明するのが精一杯だったのです。

沖縄歴史研究家の比嘉《ひが》春潮《しゅんちょう》（一八八三〜一九七七年）は、方言撲滅運動と関連して、こう記しています。

「沖縄に対するこうした差別的な扱い、固有の伝統文化にたいする蔑視や抑圧は、言語にかぎらず、日常生活のあらゆる風習にわたって、政策として行われたのであった。生活改善運動と称して、県の学務部が学校や青年会を指導し、琉球的風俗の絶滅を期したのである。それは朝鮮や台湾における皇民化運動とまったく同じであった」（比嘉春潮・他『沖縄』岩波書店　一九六三年　三〇頁）

この言説からも戦時体制下における社会情勢がいかなるものであったか垣間見《かいまみ》ることができるのですが、とくに強調しなければならない点は、県当局自体が真っ先に県民の中に郷土文化に対する蔑視を植え付け、それによって一種の劣等感を育む結果をもたらしたという事実です。そのことは、単に方言を抑圧し標準語を励行することによって、沖縄でも植民地であった朝鮮や台湾同様の皇民化教育を強制したにとどまらず、県当局の植民地的施策が、後の沖縄戦における友軍によるおぞましい住民殺害に底流で結びつく結果をもたらす遠因ともなったのです。

日本民芸協会員たちが県当局による「沖縄色の排除」との絡みで提出した「沖縄言語問題に対する意見書」の内容は、その点と関連して注目に値いします。

彼らは、沖縄県における標準語励行の歴史について第一期、第二期、第三期に分けて論述した中で、第二期は、「沖縄県民が南洋方面に移民したり大阪などに出稼ぎに出たりして外部との交渉を新たにした時代」だとし、この時代の特色について次のように論及しています。

「沖縄県民は、いわゆる沖縄の郷土的な要素をもっていたために、何か他府県人と人種的に異なったもののように誤解され、そのため文化的に一段低いように扱われた時代であって、この郷土的な文化的臭気を逸早く一掃することが、沖縄の振興をはかる唯一の途だと、人々に考えられたのであった」

「この郷土文化否定の精神がすなわち標準語励行の第二期の根本的精神をなすものであり、沖縄県民自体その郷土の言語を否定し、徹底的に標準語にかえることがその急務と考えられたのであった。たとえば、ミクロネシアのセレベス島における沖縄人が、普通にジャパンとはいわれずに、ジャパンカナカ①とよばれているという、胸のしめつけられるような淋しい事実も、また大阪市四貫島における沖縄人に対して、なにか特殊なものをみるごとき外部の冷たい目が、この第二期の精神を沖縄の人々の心にふかく巣造らせるに至ったのである」(日本民芸協会、前掲誌　三頁)

このような立論を踏まえ民芸協会員たちは、方言撲滅運動が、一九三九(昭和一四)年四月ごろから始まった国民精神総動員運動の一翼として断行されてきたことを指摘し、県知事らが「沖縄の言語を一掃するのが県の一大方針だ」と述べていることは、「沖縄をいまなお特殊な存在とみ、積極的にその郷土文化をみとめようとしない点において、県民の第二期的文化観のうえにたったもので第一期精神（半植民地的政策）をあまり遠くでたものではない」と論難しました。

彼らは、さらに「沖縄の郷土文化は、純日本の文化的存在であり、県民に国民精神を与えるのは、その日本精神の全てを他の植民地におけるごとく外部から持ちこむ必要は毛頭なく、県民に沖縄の文化的位置をはっきりと認識させ、その郷土に対する限りない自信と愛情の中から日本精神を復興させるべきだ」と、沖縄でも本土他府県同様の取り扱いをするよう主張したのです。そこから第三期の標準語励行の根本精神は、「あくまで郷土文化肯定のうえに打ち立てられるべきだ」と言い、沖縄の言語問題の間接の責任者は、沖縄以外の人びとで、彼らが沖縄の文化に対し認識が薄く、沖縄人に対するあまりにも冷酷な態度に起因すると結論づけたのです。

だが、こうしたまともな正論がなされたにもかかわらず、県当局の方言撲滅に対する強制的政策は、改まるどころか戦時色が濃厚になるに伴ってますます露骨になりました。そのあげく、県民自体もその深刻な意味を顧慮《こりょ》するゆとりもなく、行政当局の無茶な政策に呼応して自らの言葉をはじめ文化を抹殺して顧みなかったのです。

しかし、そのようないびつな努力は、何をもたらしたのでしょうか。

後で見るように沖縄戦では、旧日本軍将兵は、地元住民が方言を使うだけでスパイ視して処分することを公然と示達《じたつ》しただけでなく、少なからぬ住民が方言を使っただけでスパイ嫌疑を受け殺害されたことは史実の示すとおりです。要するに、沖縄の人びとは、沖縄戦へ至る過程でありとあらゆるものを犠牲にして自らを天皇の忠良なる臣民として努力したにもかかわらず、いざ戦場の極限状況下では、恃《たの》みとする友軍将兵からさえ信用されなかったばかりか、あたかも敵国のスパイででもあるかのように処刑される羽目となったのです。

こうした悲惨なありように郷土史家の東恩納寛惇《ひがしおんなかんじゅん》（一八八二〜一九六三年）は、戦争後に、一六〇九年の「薩摩の琉球入り」から明治時代の「琉球処分」を経て戦前、戦後の沖縄の歩みを回顧した上で、いみじくもこう述懐しているほどです。

「その間、沖縄の内部においても、各種学問の究明と共に人心の帰趨《きすう》も定まり、慶長以来三百年の空白をへて南島統治の古えに復帰し、忠良たる日本国民としての自覚を取戻し、（沖縄は）日本南進の前衛を以て自ら任ずるようになりましたが、この自覚が却って今次太平洋戦争に、世界史上まれに見る深刻な犠牲を払って、悦んで国難に殉ぜしめたものであります。

要するに前には活きるための歴史であり、後には活かしてもらうための歴史でありましたが、その代償はもてるすべてを捧げなければなりませんでした。人類の歴史は、ここに弱き者の活きるための苦しみを、沖縄の渉外史に発見し、文明の名において深き反省を要求されねばならないでありましょう」（くわしくは東恩納寛惇『新版概説沖縄史』を参照）

【Ⅰ章―3　注】

①ジャパンカナカ：戦前、南洋群島で日本人が沖縄人を呼んだ蔑称。カナカという先住民族に対する蔑称をもじった言い方。

4　皇民化運動の行きつくところ

＊沖縄連隊区司令官の対沖縄人観

沖縄の人びとが持てる全てを捧げて皇民化運動に狂奔したにもかかわらず、その成果については、本土他府県からはほとんどなんらの評価もされませんでした。そのことは次の事例からも明らかです。

戦前、といっても昭和時代前半のことですが、沖縄防衛の責任は、県都那覇市所在のごく少数の兵員からなる沖縄連隊区司令部が担っていました。その沖縄連隊区司令官・石井虎雄《いしいとらお》大佐は、一九三四（昭和九）年一月、陸軍次官・柳川平助《やながわへいすけ》に宛てて送った「沖縄防備対策」と題する極秘文書の中で、沖縄の軍事的地位の重要性についてふれた上で、沖縄の防衛問題とのかかわりで次のような趣旨のことを述べています。

まず第一に、非常時には沖縄全域に戒厳令《かいげんれい》をしけということ。第二に一大海軍兵力を常備しないかぎり、沖縄防衛を全うすることは困難であること。第三に、沖縄を敵手に委ねず確保することさえできるならば、それを本土防衛の障壁として役立てることができるが、万一琉球諸島の一島嶼《とうしょ》でも敵手に落ちるならば、防衛態勢に大きな穴があき、本土防衛上、計りがたいほどの不利を被ることになろう、と。第四に、沖縄は日常の生活必需品の八割を県外からの移入に頼っている。したがって日ごろから生活必需品を貯えていないと有事に敵に輸送路を断ち切られたら沖縄の人びとは、敵が上陸する前に食糧難で自滅するだろう、と。

ところで、石井司令官が同じ極秘文書で述べている別の事柄には、看過できないものがあります。石井司令官は、防備の有効性の如何《いかん》は人によって左右されると言い、「特に隔絶《かくぜつ》せる孤島に於ては其関する所全く絶対的のものにして　住民の意気　特に国民たるの自覚の如何により決定せらるべきもの……　沖縄住民の国家意識、愛国熱の程度たるや　他地方に比すべくもあらず　熱しやすき南国の風が　表面一時的に華かなる如くなるも　其さえも尚《なお》他地方に及ばず」（カタカナをひらがなにし、現代かなづかいに直して引用）と述べているからです。

同司令官は、語をついで、もっとも沖縄人だからといって全てが欠点だらけではなく、「強いて美点として挙げ得べくんば　柔順にして克《よ》く困苦欠乏に耐え　強大なる統制下に於ては　意外に大事を決行し得るにあり」とも語っていますが、実はここで石井司令官が美点とした沖縄人の性格こそが、逆に後年の沖縄戦で住民を「集団自決」（集団死）に追い込む一要因になったとも言えます。

石井司令官によると、沖縄県民は依頼心が強く、県の振興開発を推進するについてさえ国家の補助に期待するばかりか、国家の興廃に関する問題などまったく眼中になく、「一朝《いっちょう》不利なる情況の下に　一時的にもせよ（日本の）統治の手を脱せんか　如何なる結果となるやは殆んど想像外」という有様だというのでした。要するに沖縄人には、「身を以て難に当り　協力して郷土を防衛するが如きは　到底望むべからず　国難来るの時　果して如何に防備の道を講ずべきか」というのが石井大佐の言い分でした。このように沖縄防衛の直接責任者たる彼は、沖縄県民の忠誠心について、まるで信用していなかったわけです。

ちなみに石井司令官は、県民の間には、非常時局に際し、郷党《きょうとう》を率いてそれに対処して犠牲的活動をなし得る人は絶無だと断言していたのですが、そうした評言とは裏腹に、戦場では多くの人びとが身を犠牲にして国に報い、郷土防衛に殉じたことは事実が明らかにしているとおりです。

＊「国防思想」の注入

こうして石井連隊区司令官の音頭取りで国防研究会が設立され、国防兵器の献納運動が始まると、県民の多くは、指導者たちの熱烈な働きかけもあって、たちまち県当局の予想を数倍も上回る六万円の醵金《きょきん》をなし、海軍報国「沖縄号」と名付けられた飛行機を献納したほか、沖縄防備用として二〇〇〇挺《ちょう》の小銃と三〇万発の銃弾を収納できる「愛国国防兵器庫」まで献納する有様でした。

ところで、沖縄連隊区司令部は、早くも昭和初期ころから県内の外国人宣教師がスパイ活動をする恐れがあると、「非常時下」を理由にして秘かに県内の在郷軍人に命じて尾行《びこう》させたりしていました。一方、八重山にカトリック系の中学校が設立される動きが出ると、すぐその計画を排撃させて潰《つぶ》したりしました。

こうして沖縄社会は、一九三一（昭利六）年に満州事変が勃発して以後は、年を追うごとに軍事的色彩に色濃く染め上げられてゆきました。離島の島々では、青年学校の生徒たちが防衛団を編成させられたほか、男子中等学校生徒たちは、機会ある度に「一旦緩急《いったんかんきゅう》ある際は直ちに郷土防禦の中堅たれ」と指示されたあげく、上級生たちは、兵器の使用法を教示されました。とはいえ、小銃など兵器が少ないので、沖縄連隊司令部は、「小銃なきも棒に刃物を結着して手槍となし突撃せよ」と、精神主義を中心にした防備対策を指導したに過ぎませんでした。

また、一九三五（昭和一〇）年前後から義勇隊を創設し、一般青少年を強制的に加入させたりもしました。こうして国防思想を普及させ、青少年に「犠牲的精神を注入」する狙いから精神主義教育を強化したのでした。

＊戦争に不向きな沖縄

沖縄連隊区司令部の「防備対策」との関連で注目されるのは、同司令部が「台風銀座」と称された沖縄の自然条件に着目し、暴風で何日か海上交通が途絶でもすれば、沖縄経済はたちまち混乱を来すことをとくに強調し、このような状況は沖縄防備上もっとも重大な欠陥だと警鐘を鳴らしていた点です。つまり、日常生活の必需物資の大半を県外からの移入に頼っている沖縄にあっては、海上輸送が不可能になったら外敵が攻めてくる前に自滅する以外にない、というわけです。

それだけに沖縄のような島嶼経済は、戦時体制へ移行する前に島内の必需物資を十分に確保しておくことが不可欠の前提になります。いきおい、生活物資の確保、貯蔵は、沖縄防備対策の中心課題たらざるを得ませんでした。

それにもかかわらず沖縄連隊区司令部も県当局も、また県民の方も、ほとんどまったくと言っていいほど、そうした準備もなしに太平洋戦争に突入したのです。その意味では、後の沖縄戦の悲惨な結果も予見し得たとも言えますが、沖縄守備軍も県当局も、生活必需物資の備蓄をしないまま、県民を戦争に巻き込んでしまう結果となりました。各地で起きた住民の「集団自決」も多くの場合、そこに起因したと言えなくもありません。

ところで、地理的重要性から沖縄は国防の第一線を占めていたため有事には即座に郵便、電信、電話などが統制されるほか、離島航路などの船舶の使用権をはじめ、病院や医師会に対する命令権に至るまで、全て沖縄守備軍の統制下に置かれました。すなわち沖縄連隊区司令官が「事変に際しては直ちに全県に戒厳令を命ずるを最も必要とす」と提言したとおりになったのです。

したがって、一島嶼社会に過ぎない沖縄は、石井司令官が「沖縄防備対策」で余すところなく指摘したとおり、あらゆる意味で戦争には不向きな条件に充ち満ちていました。ところが結局、沖縄守備軍も県当局も、そして多くの県民も、それらの不利な条件をまったく無視して戦時体制へ急激な転換をはかったのです。それが沖縄戦で人的にも物的にも未曾有の災害をもたらす結果となったと言っていいでしょう。

5　軍国日本の中の沖縄

＊時代の荒波は、辺境の地八重山まで波及

話は少しさかのぼりますが、一九三〇年ごろから日本社会は、戦時体制へ向けて急速に変貌し始めました。政治面では、ファッシズム体制への移行に伴い、事ごとに賛否の議論に明け暮れがちな政党政治に対する国民の不満も高まりました。そのような状況下で、**売勲事件**①や私鉄の買収をめぐる政友会系の疑獄事件、小橋一太前文相をめぐる**民政党系の疑獄事件**②などが相次いで発生しました。こうして田中義一内閣（一九二七～一九二九年）の末期から、政党の関係する疑獄事件が十数件も表面化する有様でした。

一九三〇（昭和五）年一一月、浜口雄幸《はまぐちおさち》首相が、東京駅で右翼活動家・佐郷屋留雄《さごやとめお》に狙撃され

て重傷を負うなど、世はまさに一大動乱の兆《きざ》しを見せるようになり、政権党の民政党は内紛がひどくなったあげく、党外の幣原喜重郎《しではらきじゅうろう》外相が首相代理をつとめる異常な事態となりました。翌一九三一年四月、浜口首相の容態が悪化したため、若槻礼次郎《わかつきれいじろう》を首班とする第二次若槻民政党内閣が誕生しました。それから五か月後の九月一八日、中国の奉天《ほうてん》（現遼寧《りょうねい》省瀋陽《しんよう》市）北方の柳条湖《りゅうじょうこ》付近で**南満州鉄道**③（満鉄）の線路が爆破されたとして、**関東軍**④が軍事行動を起こし、満州事変の勃発となりました。これを契機に、日本は「十五年戦争」に突入するに至ったのです。

中央政界における混迷やさまざまな事変の発生による緊迫した状況は、辺境の沖縄県にも急速に波及せずにはおきませんでした。しかも中央よりいちだんと悪化、歪曲《わいきょく》された形で波及したのです。

ちなみに八重山《やえやま》郡では、青年や中等学校生の演説会にさえ警察官が臨席して弁士が時局問題にふれると、ただちに「弁士注意」とか「弁士中止」を命ずる事態が起きました。その反面で、生活が極度に苦しくなったことなどもあって、社会主義思想など反体制的言動をなす者も出てきました。それにともなって政府官憲による弾圧もいちだんと厳しくなりました。

沖縄は、経済的にも政治的にも本土他府県以上に苦境に陥っていたので、大衆の不満は鬱積していました。したがって何らかの形で人びとの不満を解消せしめる必要がありました。満州事変の勃発は、こうした大衆の不満に、いわば一種のはけ口を与える形となりました。

満州事変が起きてから間もなく、沖縄南端の八重山群島では、地元の二つの新聞社と四つの町村と医師会や在郷軍人会、青年連合会などが共催して郡民大会が開かれ、満場一致で、次のような決議を採択しました。

「一、吾等は、満州目下《もっか》の現況に鑑み、断乎《だんこ》として必要なる実力を行使し、徹底的に暴戻《ぼうれい》なる支那《しな》を膺懲《ようちょう》し、従来よりの無数の懸案を解決し、将来の禍根を一掃し　以て帝国の国是を遂行せんことを期す。二、この非常重大なる局面打開に当りては、確固不抜の国策を遂行して、中道に挫折するを許さず。これが為に国際連盟及び第三国が支那擁護をなし又は暴威を揮《ふる》うとも、断々乎として帝国の正当なる主張の貫徹を期す」

このような文言の決議は、政治の中心地たる中央政界でならいざ知らず、中国とは古くから関係の深い沖縄県の末端で採択されたことは、とりもなおさず時代の荒波が急激に沖縄を巻き込んでいたことを示す証しと言えます。この八重山での郡民大会では、同大会の名において寡兵《かへい》をもって善戦健闘する皇軍兵士に対し感謝する電報を関東軍司令官や政府首脳に送ったりもしました（『先嶋朝日新聞』一九三二年一二月一八日付）。

その一方では、「国策としての戦争政策へ国をあげて協力せよ」との名目で、いっさいの反体制的言動に対して容赦のない取り締まりがなされました。しかも苛酷な言論弾圧は、国家権力によるだけでなく民衆自体の手によってもなされたのです。すなわち、県民相互間で、戦時体制への移行を批判したり、それに不満を述べたりするのを許容しない風潮が急速に蔓延していったのです。

一例をあげると、このころ八重山郡では、警察官や官憲が小学校教員たちの思想問題について厳重な取り調べを行っていました。そして、いわゆる左翼的思想の持ち主に対しては非国民のレッテルを貼って村八分的に処理して容赦しませんでした。

＊まっしぐらに戦時体制へ

「満州事変」の翌一九三二（昭和七）年九月、日本が「**満州国**⑤」を承認して「**日満議定書**⑤」が調印されて以後は、日本の国防国家への移行は、もはや不可避の状態でした。それに伴い三井、三菱などの巨大財閥は、全ての生産活動をすかさず軍需産業へ切り換えました。その結果、日ならずして日本の産業は重化学工業が強化拡大されるとともに軍事産業部門が急激に肥大化しました。国家権力は、総力をあげて軍需物資の生産に取り組むため経済上のあらゆる部門に対して干渉を強化し、経済の仕組みを計画化し、統制化していきました。それに随伴するかのように農村の疲《ひ》弊《へい》、窮乏も、目立って悪化するようになりました。

戦時体制への移行が急速に進む一方で、政府や議会に対し全国農民大会や自治農民協会などが農村救済請願運動を繰り返し、これを受けて「時局匡救議会《じきょくきょうきゅうぎかい》」が開かれたりしました。そうした渦中で政府は、軍事予算の膨張に対応して一般歳出予算を削減する一方で、農民に対しては「自力更生」のスローガンを押しつけるのみでした。

ちなみに政府が企図した当初の「時局匡救計画」なるものは、一九三二（昭和七）年から同三四年までの三か年間に総額一六億円（土木事業費、低金利融通資金にそれぞれ八億円）を放出して、経済上の苦境を打開しようと図るものでした。そのため、政府は農山村や漁村に対する時局匡救費を農村自力更生運動と結びつけ、それによって農漁村の自立を促進すべくはかったのです。ちなみに政府が推進した農村自力更正運動は、地方農山村の中から「指定村」を選定し、それを対象として自立を促進するべく各府県知事の指導下に村長以下の有力者を網羅した更生委員会を設置させることでした。すなわち率先して経済の活性化に活躍し得る中堅人物を据えて農山漁村の経済更生をはかろうとしたわけです。

一九三三（昭和八）年から始まった沖縄県振興計画も、結局、政府のこうした時局対策の一環として実施されたものに他なりません。沖縄県は、いわば一種の「指定村」として、その振興計画も自力更生をはかる国策の一施策にも等しかったのです。国防国家の建設と並行して農漁村の経済的苦境の救済に乗り出したのも、時の荒木陸相が「農村問題の解決は、作戦上絶対の必要な要求だ」と公言したことから判明するとおり、農村経済の救済なくしては国民生活の安定をはかることは不可能だったからです。

＊強化されるファシズム体制

戦時体制への移行と関連して今一つ注目に値いするのは、農村の自力更生運動に加えて政府が大規模な選挙粛正運動に乗り出したことです。もっとも粛正とは言うものの、実はこれは、戦争政策をおし進めるため、ファシズム体制の基盤強化をなすことがその狙いでした。すでにこのころから軍部と並んで官僚が勢力を強め、凋落《ちょうらく》の著しかった政党に代わって政治の主導権を握るようになっていたからです。
いきおい彼らは、軍部と歩調を合わせて経済不況による社会的混乱を収拾し、一挙に戦時体制へ向けて強力に再編を押し進めるべく、従来の選挙制度を生ぬるいとしてその改革をはかったわけです。とくに全国の警察を握る内務官僚は、「国防国家」への再編をはかる過程で、国民の思想教化に重点を置き、政治をはじめ経済、社会制度万般にわたって干渉するようになりました。

中央政界におけるこうした上からの急激な変革は、むろん沖縄に悪い影響を与えずにはおきませんでした。沖縄県振興計画が実施されるようになったころから、沖縄の新聞にも「政党よ、いずこへ行く」といった見出しで、政友会と民政党の連繫問題を伝える記事が目立つようになりました。

そして一九三四（昭和九）年には、八重山あたりまで「政党解消連盟」といった運動が波及するようになり、石垣町にはその支部が結成されたほどでした。さすがに政府が政党の解消を目ざす政治状況を苦々しく思う者もいて、沖縄の新聞には「政党のない立憲政治は、考えられない。ヒットラーやムッソリーニなど、形式的な世論の仮面をかぶるファッショは、けっして議会政治と両立するものではない」といった投書がのり、政党を否定する風潮に抗議したりしています（『八重山新報』一九三四年二月五日付）。

しかし、「**二・二六事件**[6]」（一九三六年二月）の発生以後、軍部は公然と政治に介入するようになりました。すなわち岡田啓介内閣の崩壊（一九三六年三月）の後をうけて広田弘毅《ひろたこうき》内閣が成立しましたが、そのさい陸軍は、組閣に干渉して「自由主義一掃、革新断行」を露骨に要求したのです。

ちなみに陸相候補の寺内寿一《てらうちひさいち》大将は、新内閣の顔ぶれに自由主義的な者がいる、と不満の意を表明し、国防を強化する政策の樹立を広田首相に要求して呑ませたりしました。また彼は、議会での答弁で、一般軍人の政治関与は禁止するが、軍部大臣は職務上政治に関与するのは当然だなどと言明したりもしています。

しかも軍部は、「**陸軍省官制**⑦」「**海軍省官制**⑦」の中の別表を一片の勅令で改正することによって、実質的に内閣の生殺与奪《せいさいよだつ》の権限を握ったりもしたのです。一九一三(大正二)年に第一次憲政擁護運動の成果として陸・海軍省官制から削除された「現役」の二文字を復活させ、陸・海軍両大臣の現役制を制度化してしまったのです。

＊日中、全面戦争へ

一九三六(昭和一一)年八月七日、広田内閣の首相、外相、蔵相、陸相、海相から成るいわゆる五相会議《ごしょうかいぎ》は、国策の基準を決定し、その後の日本の進路についての方向づけをしました。これによると、日本帝国の根本政策は、「外交国防相俟《あいまっ》て東亜大陸における帝国の地歩を確保するとともに南方海洋に進出発展するにあり」というにありました。つまり日本の「南方進出」が政府によってはじめて公式に決定されたわけです。それは同時に日本がいわゆる「**大東亜共栄圏**《だいとうあきょうえいけん》⑧」の盟主になる構想を意味していました。

このような基本的な国策を達成するため、政府はそれまで以上に軍備の拡充をはかるとともに、外交を刷新、政治行政機構の改革に着手しました。同時に財政経済政策の確立にもいちだんと力を注ぐようになりました。それがやがて陸軍の「国防充実十二か年計画」に発展し、また海軍の第二次補充計画（戦艦「武蔵」や「大和」の建造）につながっていきました。

その結果、翌三七年度の陸海軍省予算は前年度より一挙に八億円余も増え、合計一四億円（国家予算総額は、三〇億円余）に膨れあがりました。言うまでもなく急激な軍備拡張は、経済構造そのものを根底から揺がさずにはおきませんでした。事実、陸軍はまず手始めに自らの手で全産業を戦時体制に切り替えました。「重要産業五か年計画」とか「軍需品製造工業五か年計画」を策定する一方で、**「国家総動員法」**⑨や「電力国家管理法」を強行制定して、国家統制を強化したのは、その一つの現われに他なりませんでした。

他方、外交面では、一九三六（昭一一）年一一月、社会大衆党や労農無産協議会の反対を押し切って「日独防共協定」に調印し、反共連合戦線を結成しました。むろんそうした動きがソ連や中国、あるいはイギリスなどを刺激し、国際関係を悪化させたわけですが、とくに中国との関係は急速にこじれ、一九三六年一二月、ついに「西安《せいあん》事件」（西安は現陝西省の省都、かつての長安）となって火を吹くに至りました。

この事件は、中国東北地方を拠点にしていた国民党の張学良《ちょうがくりょう》らが西安で兵を起こして国民党を率いる蒋介石《しょうかいせき》を監禁し、国民党政府の改組ならびに共産党との内戦の停止、抗日統一戦線の結成などを要求した事件ですが、この事件を契機にして、中国では翌三七年九月に「国共合作」が実現し、抗日民族統一戦線が結成されました。

満州事変以降、華北やモンゴル南部への侵攻を続けていた日本軍は、中国での抗日運動が激しくなるにつれて、それまで以上に威嚇《いかく》的な態度をとるようになりました。あげく日本の中国駐屯軍は、急増倍加され、中国領土内でこれ見よがしの示威的な演習をくりひろげたりした結果、ついに翌一九三七（昭和一二）年七月七日に始まる「**盧溝橋《ろこうきょう》事件**⑩」をもたらしたのです。

折から成立したばかりの第一次近衛文麿《このえふみまろ》内閣は、すかさず中国への派兵を決意し、政・財界や言論界に対し全面的な協力を求めました。いきおい、日中両国の衝突は、半ば既定の事実となったあげく、三七年八月一五日、近衛首相は、もはや「北支事変」（盧溝橋事件）の現地での解決策は不可能だと交渉を取り止め、「帝国としては隠忍《いんにん》その限度に達し、支那軍の暴戻《ぼうれい》を膺懲《ようちょう》し以て南京《なんきん》政府の反省を促すため、今や断乎たる措置をとるの止むなきに至れり」と宣戦布告なき全面的戦争に突入したことを宣言しました（遠山茂樹、今井清一、藤原彰『昭和史』岩波書店　一九五九年　一五一頁）。

＊「国家総動員法」が施行される

ほぼ時期を同じくして、その数三〇〇を超すと言われる戦時統制法規のいわば集大成ともいうべき「国家総動員法」が施行されましたが、この法律によって政府は、議会の審議権を実質的に否認し得るほとんど無制限に近い権限を握るようになりました。その結果、政府は、国民生活のあらゆる部門をがっちりと厳しい統制下に置き、急速に戦時体制への転換をはかりました。

それに伴い、戦争を批判したり戦争の勝敗に疑問を提起したりする人びとの声はいっさい封じられただけでなく、民主的な組織や思想団体も根こそぎ排除され、共産党の全国組織なども壊滅に追い込まれました。

ところで、戦時体制への移行と関連して無視できないことは、無産政党の中心だった社会大衆党でさえもが、ひとたび戦争が始まると、「支那事変は、日本の聖戦である」と賛美し支持した事実です。すなわち「支那の植民地化、共産化を絶滅することによって日満支三国を枢軸とする極東平和機構を建設し、人類文化の発展に貢献せんとするため」の尊い戦争だというわけでした。

日中戦争の解決に失敗した近衛《このえ》内閣は、一九三九（昭和一四）年早々に退陣を余儀なくされ、後任には**枢密院**《すうみついん》[11]議長の平沼《ひらぬま》騏《き》一郎《いちろう》が就任しました。しかしこの内閣も、「**日独伊三国同盟**」[12]締結への動きの中でつまずき、同年八月には総辞職に追い込まれました。平沼内閣に代わって八月三〇日、陸軍大将・阿部《あべ》信行《のぶゆき》を首班とする内閣が成立しますが、それから四、五日後に、ドイツは英仏との間で戦争を開始しました。これによって第二次世界大戦が始まったのです。

こうして、さらに苦境に陥っていた国民生活は、第二次世界大戦勃発の影響を受けて物価が急騰し、ますます悪化していきました。したがってせっかくの「物価統制令」などもあってなきが如しで、まるで効果をあげることはできませんでした。そうなると経済的苦渋は、まず沖縄など地方の労働者たちにしわよせされ、それに不満が募って全国各地で労働争議が頻発する事態となりました（くわしくは拙著『近代沖縄の政治構造』勁草書房　一九七二年　三章を参照）。

【I章—5　注】

①売勲事件：一九二九（昭和四）年に発覚した叙勲をめぐる汚職事件。田中義一内閣の賞勲局総裁が叙勲の決定に際して実業家から収賄した事件。

②民政党の疑獄事件：一九二九年に起こった越後鉄道にまつわる汚職事件。

③南満州鉄道：日露戦争の勝利（一九〇五年）によりロシアから獲得した南満州の鉄道と、その付属事業を経営することを目的に一九〇六年に設立された、半官半民の国策会社。満州国設立後は、鉄道全部を運営するとともに鉱工業など多くの産業部門に進出、日本の中国侵略の拠点となった。

④関東軍：満州（現在の中国東北地方）に駐屯した日本の陸軍部隊。張作霖《ちょうさくりん》爆殺事件や満州事変を独断で実行し、日本軍の中国侵略と対ソ作戦の第一線部隊となった。

⑤満州国と日満議定書：満州事変（一九三一〔昭和六〕年）により日本軍が占領し支配下に置いた満州に樹立された日本の傀儡《かいらい》国家。清朝最後の皇帝溥儀《ふぎ》を皇帝に帝政を執ったが、実権は関東軍指揮下の日本が掌握した。日本とその満州国との間で交わされた協定が「日満議定書」で、満州国における日本の既得権の承認、日本軍の無条件駐屯が規定された。この一連の行動は、国際世論の非難を浴び、日本の孤立化を一層進めることになった。

⑥二・二六事件：一九三六（昭和一一）年二月二六日、陸軍の皇道派青年将校らが約一五〇〇の部隊を率いて国家改造・統制派打倒を目指して首相官邸などを襲撃したクーデター事件。内大臣斎藤実、大蔵大臣高橋是清、教育総監渡辺錠太郎らを殺害、国会議事堂や首相官邸を占拠。翌日東京市に戒厳令が敷かれたが、二九日には鎮定された。以後、統制派を中心とする軍部の政治支配が著しく強化された。

⑦陸軍省官制と海軍省官制：「官制」は、国の行政機関の名称や組織、権限を決めた規定のこと。

一九〇〇（明治三三）年以来、両官制によって陸・海軍大臣は「現役の将官」に限るという「軍部大臣現役武官制」がとられていたが、一九一三（大正二）年、第一次山本内閣の時、軍部大臣の補任資格は、「現役将官に限る」との規定が削除され現役武官制は廃止された。しかし一九三六（昭和一一）年、広田内閣の時、両官制の付表・別表に「大臣及次官ニ任セラルル者ハ現役将官トス」との規定が設けられ、軍部大臣現役武官制が復活した。

⑧大東亜共栄圏：太平洋戦争を前に日本政府が唱えた、欧米諸国の植民地支配から東南アジアを解放し、日本を盟主として共存共栄する新たな秩序を打ち立てようとする構想。日本の中国、東南アジア侵略の合理化を目的としたスローガンだった。

⑨国家総動員法：一九三八（昭和一三）年に制定。総力戦遂行のため国家の全ての人的・物的資源を政府が統制運用できる（総動員）ことを規定した。一九四五年の敗戦によって名目を失い、一九四六年四月一日をもって廃止された。

⑩盧溝橋事件：一九三七（昭和一二）年七月七日夜に始まる、北京郊外の盧溝橋付近での演習中に日中両軍の軍事接触事件。日中全面戦争の発端となった。

⑪枢密院：戦前の憲法下における天皇の諮問に応えるために設置された機関。議長、副議長、顧問官らで組織された。

⑫日独伊三国同盟：一九四〇（昭和一五）年九月、ベルリンで調印された三か国の条約に基づく軍事同盟。一九三六年の日独防共協定、一九三七年の日独伊防共協定を引き継ぎ、三国の指導的地位、相互軍事援助が取り決められた。

6　太平洋戦争の勃発と沖縄

＊日米開戦の前夜

一九四一（昭和一六）年八月一日、日本軍部の**南部仏印《ふついん》進駐**①に刺激されたアメリカは、石油など重要軍需物質の対日輸出を禁止する措置に出ました。ついで八月一四日、アメリカのルーズベルト大統領とイギリスのチャーチル首相は、大西洋上で会談し、日独伊枢軸諸国の侵略行為を非難する「大西洋憲章」を共同で発表しました。

日本はすでに前年の一二月に内閣情報局を設置し、いわゆる対外思想戦に乗り出すかたわら国内では一段と言論統制を強化しつつありました。同時に情報局の下請機関的な日本出版文化協会をつくり、用紙の割り当て権限を盾にとって図書や雑誌の内容にまで干渉するようになりました。

一方、四〇年五月にはすでに新聞連盟も発足し、内務省の警保局長や情報局次長がその参与や理事となって「官民一如」の名目で宣伝戦を展開していました。ちなみに宣伝戦の主眼点は、日本が、いわゆるＡＢＣＤ包囲陣の下にある、すなわち米・英・中・蘭によって包囲されていて、国の存続発展が脅威にさらされていると強調することによって、ことさらに米・英両国に対する敵愾心《てきがいしん》を煽り立てることに置かれていました。そのような状況下で、アメリカは、日本に対する石油の輸出を禁止する挙に出たのです。これが日本軍部の対米開戦論議を強めたことは、無論です。

こうして一九四一（昭和一六）年九月六日、**御前会議**《ごぜんかいぎ》②が開かれ、「一〇月下旬を目途とし、戦争準備を完整す」という重大な決定がなされました。この決定に基づき軍部は着々と作戦準備を整えていきました。

一方、アメリカ政府もいちだんと態度を硬化、同年一〇月二日には、野村駐米大使に日本が中国および仏印から全面的に撤兵することなどを要求する覚書を手交しました。そのため日本政府は、交渉を継続するか、それとも断絶して戦争に突入するか、二者択一の岐路に立たされましたが、肝心の近衛内閣は、その決定ができずに内閣をなげ出し、それを受けて陸相東條英機《とうじょうひでき》が登場することとなりました。

東條陸相による組閣は、国内では軍部の開戦論に拍車をかける結果となったばかりでなく、対外的には戦争内閣の登場を印象づけたあげく、日米双方の戦争準備を促進する役割となりました。こうして四一年一一月一日、日本側では政府と**大本営**③の連絡会議が開かれ、武力発動の時期は一二月初旬にすることが決定されました（遠山・他、前掲書　二〇三頁）。

また、その四日後の御前会議では、いよいよ日米戦争の突入が決定されましたが、さらに一一月一八日に開かれた「臨時戦時議会」では、「国策完遂に関する決議案」が各派共同で提案され、全会一致で可決されました。

その結果、事実上、日米戦争が不可避の事態となりました。同決議案を提案して主旨説明に立った島田俊雄議員は、「国民は白熱せる鉄塊となって政府の一打を待つのみ」と述べています。これを受けて東條新首相が決意を表明したわけですが、こうした背景から第七七議会は、「肇国《ちょうこく》（建国）以来の歴史的議会」と言われています。

＊日米開戦、強まるファッショ化

一九四一（昭和一六）年一二月八日、日本軍がマレー半島に上陸、同時に真珠湾へ奇襲攻撃をかけたのを皮切りに太平洋戦争が開始されたわけですが、これは、大方の国民にとっては不意打ちの感をぬぐえませんでした。同日の正午、「宣戦の詔勅」が公表されると、国民生活はいやおうなしに「戦時体制」に組み込まれてしまいました。人びとが戦時体制へ組み込まれたことは、とりもなおさずファッショ体制への没入をも意味したのです。

東條内閣は、まさに開戦当日から戦争に対して批判的な人びとをスパイ容疑その他の名目で逮捕したほか、第七八議会では「言論・出版・集会・結社等臨時取締法」を制定して言論・出版・集会・結社の自由を自ら取り締まる絶対的な権限を手に入れました。

一方、既存の大政翼賛会《たいせいよくさんかい》は、産業報国会や商業報国会から農業報国連盟、海運報国会、大日本婦人会、大日本青少年団、あるいは文学報国会、言論報国会に至るまで、完全に傘下に糾合し、官僚が統制する文字どおりの戦争協力組織となりました。

＊沖縄県会も異常な戦時県会へ踏み出す

中央における急激な社会生活の変容の影響は、むろん沖縄にも波及せずにはおきません。開戦直前の一九四一年一一月二〇日、沖縄では非常時下の緊迫した空気の中で県会が開かれましたが、議員たちは開会劈頭《へきとう》にまず「未曾有《みぞう》の非常時局に際会し、われら協心戮力《きょうしんりくりょく》大政翼賛の誠を全うせんことを期す」という宣誓をなし、その後の県政の〝異常な歩み〟の第一歩を踏み出す形となりました。

中央政界では同年末に開かれた第六二通常国会において衆議院議員たちは、帝国未曾有の非常時に際し、一億一心、大東亜共栄圏《だいとうあきょうえいけん》の確立に邁進する、とその決意を披露したほか、とくに政府を鞭撻《べんたつ》するため、次のような決議を採択して東條首相宛に送ったりしました。

「八紘《はっこう》を一宇《いちう》となすは、肇国《ちょうこく》以来確固不動の国是なり。すなわち世界永遠の平和を期し、東亜共栄圏の建設達成に邁進しつつある所以《ゆえん》なり。しかるに敵性国家群が、帝国の真意を曲解し、国策の完遂にあらゆる妨害をなして省みざるは、まことに遺憾に堪えざるところなり。政府は未曾有の重大危局に際し、よろしく不退転の牢固《ろうこ》たる決意を持し、所信に向い邁進せられんことを期す」

中央政界におけるこうした戦意高揚の動きの影響を受けて、沖縄県会は、予定より一〇日間も早く次年度の予算案、その他の全議案を一瀉千里《いっしゃせんり》に片づけたりしました。地元新聞は、それを取り上げ、「戦時下翼賛議会」の面目を発揮したものと賞賛したほど、県会は「決戦議会」へ変貌を遂げました。

ちなみに、太平洋戦争が始まってから二日目、沖縄県会は、アジアの各方面で戦闘に参加していた日本派遣軍にあて、「畏《かしこ》くも一二月八日、米英両国にたいする宣戦の勅詔《ちょくしょう》を渙発《かんぱつ》せられ、皇軍はすでに各所の戦闘において赫々《かくかく》たる戦果を収めつつあり、まことに感謝感激にたえざるところなり。われら、この未曾有の危局にさいし、一死報国の赤誠《せきせい》を致し、もって敵性国家を粉砕せんことを期す、右宣誓す」といった決議を打電したほどです。

このように県会はいち早く「戦時県会」に変質したわけですが、それに比例するかのように県当局に対していささかなりとも批判めいた質問をしたりすれば、それは即座に「不穏なもの」と断定されて議事録から抹消される憂き目に合うというしまつでした（拙著、前掲書　三〇一頁）。

【I章―6　注】

①南部仏印進駐：日本軍は、日中戦争中の一九四〇（昭和一五）年九月、重慶の蒋介石政権を支援する英米による援蒋ルートを遮断するため北部仏印（旧フランス領植民地で現在のベトナム、カンボジア、ラオス）に進駐、ベトナム北部に軍事基地を設定。また翌一九四一年七月には、東南アジアへの全面侵略のねらいから南部仏印に進駐、サイゴン（現ホーチミン市）などに基地を設定した。南部仏印進駐は日米関係の決定的な決裂を招いた。

②御前会議：天皇の出席のもと国家の重要政策や戦略を最終的に決めた最高決定会議。太平洋戦争の開戦やポツダム宣言の受諾なども、この御前会議で決められた。

③大本営：戦前、戦時や事変の際に設けられた、天皇に直属して陸・海軍を統帥する最高戦争指導機関。

Ⅱ章　戦時体制への移行

【戦場の子どもたち】

米兵にキャンディーをもらう傷ついた少年（1945年６月　糸満）。

1　文化施設の軍事目的化

＊ＮＨＫ沖縄放送局の開設と崩壊

戦時体制への〝様変り〟を見せたのは、単に政界や議会にとどまりませんでした。「非常時局」という大義名分を掲げて、政府権力による「上からの」超国家主義に基づく好戦的イデオロギーは、場所や時を問わずあらゆる機会に、社会生活の全ての機関を総動員してなされました。とりわけ教育が、その主要なチャンネルとして活用されたことは無論ですが、他の社会・文化施設においてもまた例外ではありませんでした。

わが沖縄県は、地理的にも日本の中枢部から隔絶していた上、経済的後進地域として停滞していたこともあって、文化的施設が乏しく、それだけ時代の進展から取り残されていました。そのため県民は、一九三四（昭和九）年ごろからラジオ放送局の誘致運動を展開し、放送という文明の利器を導入することによって、その遅れを取り戻すとともに文化の向上をはかろうと躍起となっていました。ところが、政府や日本放送協会は、沖縄の実情に疎《うと》く、人びとのこうした切実な要望に対する認識が浅いばかりか、時局の緊迫化も祟《たた》って放送局の誘致運動は容易に実を結ぶに至りませんでした。

それが一九三九（昭和一四）年になってようやく敷地も決定し、県民の懸案が解決されるかに見えましたが、海上輸送が困難になったことや建築資材や放送機器の入手難などに加えて、技術者の不足、電力難などから一向に進捗《しんちょく》しませんでした。沖縄放送局が辛うじて開局態勢にこぎつけることができたのは、実に一九四一（昭和一六）年末の太平洋戦争が勃発する直前でした（くわしくは拙著『近代沖縄の政治構造』勁草書房　一九七二年　三一〇頁を参照）。

ようやくにして放送局はできたものの、それによって沖縄の文化の向上をはかりたいとした当初の目的は、まるで達成できませんでした。と言うのは他でもなく、戦時体制への移行に伴い、放送の軍事的役割がにわかに脚光を浴びるようになったあげく、できたての沖縄放送局は、その本来の機能を離れて戦争国策の徹底、世論の指導統一、県民の士気の高揚といった軍事目的を達成する手段と化し、番組もその線に沿って編成されたからです。しかも、放送が文化の普及向上をはかる媒体としてではなく、もっぱら軍事目的のためにのみ奉仕させられるに至った背景には、単に軍部や県当局の圧力だけでなく地元沖縄各界の指導者たちの積極的働きかけや要望があったからです。

一九四四（昭和一九）年七月に、米軍は、サイパン島を攻略すると、すかさず海上の船舶から沖縄向けの謀略放送を開始しました。この放送による宣伝活動は、むろん沖縄を守備する軍民の心理攪乱《かくらん》を狙ったものでしたが、そのアナウンサーにはサイパン島で捕虜にされた県出身者が起用されました。

そのため、沖縄本島に駐留する日本軍憲兵隊は、県民大衆が敵の「謀略」宣伝に惑わされるのを恐れて県内のラジオ受信機を没収する計画を立てました。しかし、放送局側の抵抗に会い、受信機の没収は断念したものの、やがて放送機能自体が破壊され放送を中断する羽目となりました。

周知のとおり、一九四四（昭和一九）年一〇月一〇日、沖縄の県都・那覇市は米艦載機による五次にわたる大空襲で、一日で市街地の九〇パーセント以上が焼失する大被害を被りましたが、その際、家屋とともにラジオ受信機もほとんど焼き払われてしまったのです。

2　国策への県民の対応

＊満州への分村計画の推進

戦時体制への移行と関連して、特記しておかなければならないのは、沖縄県当局が国策に即応する形で実施した「分村計画」についてです。

県当局は、一九三九（昭和一四）年ごろから、国策としての分村計画に呼応するため満州に沖縄県の「分村」を作る計画を推進しました。そして、県下の市町村の中から豊見城村（現豊見城市）、小禄《おろく》村（現那覇市小禄）、恩納《おんな》村などを分村の対象に指定し、そこから家系を継ぐ責任のない二男、三男などを主としておよそ三万戸、約一五万人を満州へ移住させようとしたのです。

そして、その計画に基づいて、同年八月下旬には、前述の指定町村から代表者を数名ずつ選んで満州に派遣して約一か月間、移住予定地の視察をさせました（『大阪朝日新聞』一九三九年八月一九日付）。そのころから県下の各市町村には「拓《ひら》け満州、われらが生命線」といったスローガンがくまなく掲げられるようになり、翌四〇年ごろから満州建設勤労奉仕隊が次々に送り出されました。

それが一九四三（昭和一八）年ごろになると、県当局は、分村計画をより効果的に促進するために、「郷里の母村と大陸の分村との一体化」計画を立ち上げました。まず、沖縄の母村と満州の分村との間で物心両面における「一体化」体制を確立するためには何よりも経済的結び付きが肝要だとして、双方の間で物資の交換や財政の相互援助を推進したり、あるいは農産物の移植や家畜の移動などを実施させるようにしたのです。その上で、とくに母村に祀られている氏神《うじがみ》を分村に分祠《ぶんし》して、信仰を通しての精神的一体化をはかるなどしました。

一方、県内にある母村の国民学校生徒たちから遠く満州の分村に移住した開拓士たちに慰問文を送らせたり、時には応援の作業隊を派遣させるなどして満蒙《まんもう》の開拓を督励させたりもしました。それと同時に、〝満州に鍬《くわ》をふるう若き開拓戦士の姉妹となって洗濯、炊事など優しい女手の手伝いをさせる〟といった名目で「満州建設勤労奉仕隊女子青年隊」の募集を大がかりに行ったりもしています。

ちなみに四三年一二月の県会では泉《いずみ》守紀《しゅき》知事が、皇国農村建設の国家要請に即応して、沖縄県から その第一次農家送出計画分の五万戸を送り出すことを明らかにしました。すでに沖縄から中国大陸へ派遣された開拓団は一二次を数えていましたが、県当局の計画によると、さらに農村部からの四万三〇〇〇戸に加えて市部から七〇〇〇戸を選出し、そのうち約三万戸は大陸へ、二万戸は阪神方面の軍需工場へ送って不足がちの労務供出に役立てるというものでした。

この計画は、翌四四年度を初年度に一〇か年計画で送出する予定でしたが（『朝日新聞』沖縄版一九四三年一二月九日付）、これに先立ち、すでに農村から労務供出の名目で二〇〇〇戸が阪神地方へ送り出されていたのです。

＊巧妙を極めた「南進政策」と沖縄の現実

満州への分村計画と併行して今一つの国策の「**南進政策**《なんしんせいさく》」①についても、県をあげて応じなければならない大きな課題でした。すでに昭和一〇年代以前から、一部のベテラン漁夫たちが資源開発の「担い手」として南方に派遣されていましたが、いよいよ時局が緊迫してくるにつれて、その送出人員が増やされ、本格化するようになりました。

一九四一（昭和一六）年の初めごろ、沖縄を訪れた**南洋拓殖株式会社**②専務理事の下村《しもむら》正助《しょうすけ》中将は、「沖縄県民は、わが南進国策の第一戦士として、戦線勇士にも劣らぬ気持で進出せよ」と、県民の南方進出を激励しましたが、県当局の積極的な国策順応施策もあって、県内には「南進」国策に呼応するムードがすでに形成されていました。それと言うのも、一つには県当局の施策が巧妙を極めていたからです。

すなわち県当局は、「**紀元二千六百年記念事業**③」として中世沖縄人の南方開発史の刊行を計画していましたが、その狙いは、「永久に郷土の誇りを顕彰するとともに　これを国定教科書にも採用させ、全国の国民学校生徒に沖縄人の南方雄飛《ゆうひ》を紹介し、大東亜共栄圏確立の自覚を促す」点にありました。県当局者によれば、沖縄人は、五〇〇年も前から海外発展の天性を発揮し、一四世紀後半から一六世紀前半に至る約二〇〇年間に北は朝鮮から南は仏印《ふついん》（フランス領インドシナ）に至るまで、東南アジアの貿易を独占してきており、そうした歴史的史実からも明白なとおり、「日本六十六か国中、沖縄人のみがそれをなしえたのであり、沖縄人こそは、南方発展の先駆者として山田長政より二〇〇年も前に海洋民族として燦然《さんぜん》たる発展史を形成している」というわけでした（拙著、前掲『近代沖縄の政治構造』三二四頁）。

また、戦時体制が年を追って強化される中で、中央政府や県当局によって古い時代の沖縄の歴史がはなばなしく前面に押し出される一方で、県当局は、「沖縄移民の父」として知られる当山久三《とうやまきゅうぞう》（一八六八～一九一〇年）の功績をことさらに顕彰したのです。と同時に国策的立場から『沖縄島記』など、沖縄人の南方進出に関する文化映画の制作なども並行して進めました。一九四一（昭和一六）年四月に沖縄を訪れ、映画製作に当たった東亜発声映画会社の製作部長・村出達三はその意図をこう語っています。

「これまでの沖縄紹介の文化映画は、本県のほんとうの姿を誤り伝えたように思う。沖縄民族は、海洋発展の先駆者であり、南進の拠点としての本県を認識しなくてはならぬ。『沖縄島記』は、古代沖縄の海外発展から拓南《たくなん》第一線へと雄飛する沖縄の歴史的姿をとらえるものだ」（『朝日新聞』沖縄版一九四一年四月一五日付）

つまり、映画製作の目的は、「夢の国・竜宮」とか「お伽の国・琉球」といった言わば幻想的な沖縄の姿を映すのではなくて、今や「南進国策の脚光を浴びて力強く登場した新興沖縄の逞しい姿」を描いて見せるというわけでした。

こうした県当局の巧妙な施策によって、それまで蔑視の対象にしかされなかった沖縄の古い歴史が急に賞賛の的となり、沖縄人の「本来の優秀さ」が大っぴらに賛えられる風潮が、県下に充ち溢れるようになったのです。おそらく沖縄の歴史についての一般の人びとの認識が、この時代ほど高揚した時期はありませんでした。

しかし、県内でのこのような国策順応の動向が、後にいかなる危険な事態をもたらす結果になるか、何人も考えるゆとりさえなかったのです。すでに言及したとおり県民大衆は、県当局や指導者たちの口車に乗せられて国策的な「南進」政策に即応できる心理的体勢を早くから整えていたのです。沖縄は、土地が極端に狭い上に資源も乏しいので、島人たちは生存を維持していくためには県外に出稼ぎに行くよりなく、古くから南方方面へ進出する者が少なくなかったのです。

したがって、中央政府や県当局は、こうした歴史的背景を「南進」国策の遂行にとことん利用したわけですが、それと言うのも、一つには地元の指導者たちが政府の対沖縄施策に対し、無批判、無条件に受け入れようとする態度が強かったからです。つまり、政府権力の発想と地元指導者の対応が南進国策を推進する上で期せずして一致したため、事はいとも容易に運ぶ結果になったのです。

では一体、政府の意図する「南進」政策とは、どのような内容のものだったのでしょうか。一九四三年一月一日付の『朝日新聞』は、「大東亜戦争第二年」と題する社説で、その点に関連して、次のように論じています。

「大東亜戦争の輝かしき連勝のさなかに紀元二千六百二年の新春を迎う。悠久の歴史を想い、ころを時局の重きに潜めるとき、粛然《しゅくぜん》として胸おのずから高鳴るを禁じえないのである。

（中略）戦争目的は東亜における新秩序の確立という世紀の大業達成にある。米英の邪悪なる支配原則を東亜の天地より一掃して〝東亜民族の東亜〟を再建し、政治上、経済上あるいはまた文化の上における米英の専横から東亜民族を解放し、日本を中核としてここに平和なる大東亜共栄圏を確立せんとする壮大な構想の上に立つものである。

（中略）それにしてもこの戦争目的への総進軍のゆくてが、あふるるばかりの希望に満ちていることは、何よりも心を明るく力づけるものである。わが東亜の広大な領域に賦与《ふよ》さるる文明資源についても、その種類の多く、その量の豊かなること驚くばかりであって、富裕なる大東亜経済圏を構成する上に、ほとんど欠くところはないのである。この〝東亜の富〟こそ、戦争遂行の途上においてはこれを獲得しつつ戦争条件の中に取り入れうるものであり、さらにその後に来るべき段階においては、これを縦横に駆使することによって、東亜の自主的国防経済をととのえ、東亜の諸民族をして〝おのおのその所を得しむ〟べき共栄の基調をなすものである。（後略）」

以上の論旨からも明らかなとおり、「南進」国策は、「東亜の富を、戦争完遂に役立てるため」、南方諸国の資源をあたかも天然付与のものででもあるかのように自由勝手に開発し取得しようとするものでした。

ところで県当局や地元指導者たちが、国策順応の立場から躍起となって推進した南進政策は、人的物的を問わずいかなる意味でも県下の諸条件は、それを許容できるほど安易なものではありませんでした。つまり、南進政策を遂行できるゆとりは、もはやまったくない状況下で同政策が強行されたのです。すなわち、当時の沖縄県は、満州に分村したり、南方へ働き手を送出できるほど余剰の労働人口を抱えてもいなければ、物質面のゆとりもほとんど皆無の状態にあったのです。

県内の農村では労働力が足りなかったために、大政翼賛会沖縄県支部は、出征兵士を見送るため人びとが農村から那覇へ出かけることさえ禁止させたほどでした。しかも県下の男女中等学校の生徒たちまでが学業を擲《なげう》って増産運動に駆り出されていたほか、県当局は、農村の労働力を確保するねらいから、全国でも異例とされた「県外自由出稼ぎ抑制策」までも実施していたほどでした。

ちなみに県当局は、商船会社の協力を得て、三〇歳未満の男子や二五歳未満の女子については、市町村の許可証明書と那覇職業指導所の証明書がなければ、乗船も許可しない、つまり県外へ出るのを認めない施策をとったほどです。そうした不自由な状況下で、分村計画や南進政策が強行された事実は、とくに看過できないのです。

＊深刻な物資の欠乏

戦時体制が強化されるにつれて、市民の日常生活の不自由さも急激に募ることは、言うまでもありません。

たとえば極端な物質欠乏もその一例です。那覇市内では宴会費なども一人前一円五〇銭という「協定値」が設定され、たとえお客から要求されてもそれ以上は出してはいけないことになりました。とりわけ食糧品も不足がちで、早くもお米は配給制となりました。当初は、重労働者が一人一日当たり三合二勺、軽労働者が二合五勺、普通労働者が二合という割り当てでしたが、それも急速に減っていきました（一合は一八〇ｃｃ、米だと一五〇グラム）。

そして一九四三（昭和一八）年ごろになると、食糧増産は、県民にとって至上命令になりました。それまで沖縄は、食糧のほとんどを県外からの輸入に頼っていたので、戦局の悪化に伴う船舶の不足から肝心の輸入が極度に困難になっていたからです。

こうして同年五月には、「農繁期国民皆働運動」のスローガンを掲げて商業報国会員や県庁職員、食糧営団員等からなる一〇〇〇人近くの「都市勤労奉仕団」が、那覇市から兼城《かねぐすく》村（現糸満市兼城）や南風原《はえばる》村（現南風原町）などの農村地帯に〝鍬《くわ》の援兵《えんぺい》〟として繰り出されるようになりました。

さらにまた、同年四月五日から県下いっせいに「農業生産統制規定」と「農業統制規定」が発動されると、農産物の自由栽培さえ許されなくなりました。ちなみに農業統制規定に基づいて、県下の甘藷の植付けが従来の「平植《ひらうえ》」から全県一律に「畝立植《うねたて》え」一色に統一されましたが、このような権力による上からの厳重な統制をもってしても、増産は思うようには達成できず、食糧の調達はいちだんと困難になるばかりでした（『朝日新聞』沖縄版一九四三年四月一三日付）。

＊サイパン・テニアンの玉砕、県民に大ショックを与える

一九四四年六月、サイパン、テニアン両島に米軍が上陸すると、大本営は、「**絶対国防圏**④」と見なすこの要域が敵手に落ちるのを警戒して、「皇国の興廃この一戦にあり」と、一大決戦を企図して航空部隊や連合艦隊に出陣を命じました。しかし、大本営の期待とは裏腹に、両島の日本守備軍はあえなく「玉砕《ぎょくさい》」し、多くの非戦闘員も、軍と運命を共にする結果となりました。

これらの島々の玉砕は、沖縄住民にとってけっして他人事とは思えない事態の深刻さを強く印象づけました。サイパンとテニアン両島には「南進」国策の推進過程で少なからぬ数の県出身者が送り込まれていたからです。当時の新聞報道によると、南洋諸島に送り出された県人の数は、出稼ぎに出た人びとを含め一九三六（昭和一一）年から同三九年までに、およそ一四万四〇〇〇人にも達していたほどで、南洋諸島中でもサイパン島にもっとも多く居住していたので、同島の玉砕は県民に深刻な影響を与えずにはおかなかったのです（拙著、前掲書　三三三頁）。

【Ⅱ章―2　注】

①南進政策：泥沼化した日中戦争の閉塞状況を突破するため、東南アジアに進出して、スマトラの石油やマレー半島のゴムなど軍需資源を確保することを狙った侵攻政策。仏印進駐がその第一歩となった。

②南洋拓殖株式会社：一九三五年に立案された「南洋群島開発十か年計画」によって設立された国策会社。南洋群島での拓殖事業や移民事業、リン鉱石やボーキサイト採鉱事業、南洋進出企業への資金供与などの事業を行った。

③紀元二千六百年記念事業：一九四〇（昭和一五）年が神武天皇即位から二六〇〇年に当たるとされたことから、それに向けて一九三五年からさまざまな記念行事や事業が計画された。「神国日本」の国体観念を徹底させようとしたものが中心で、神武天皇が即位したとする橿原神宮《かしはらじんぐう》をはじめ陵墓の整備から全国の神社での大祭、展覧会や体育大会など記念行事が全国各地で催された。

④絶対国防圏：米軍の反攻を受けて劣勢となった日本軍がこれ以上は絶対に後退しないということから設けた防衛圏。カムチャツカ半島―マリアナ諸島―トラック島―西部ニューギニア―蘭印―ビルマを囲むエリア。

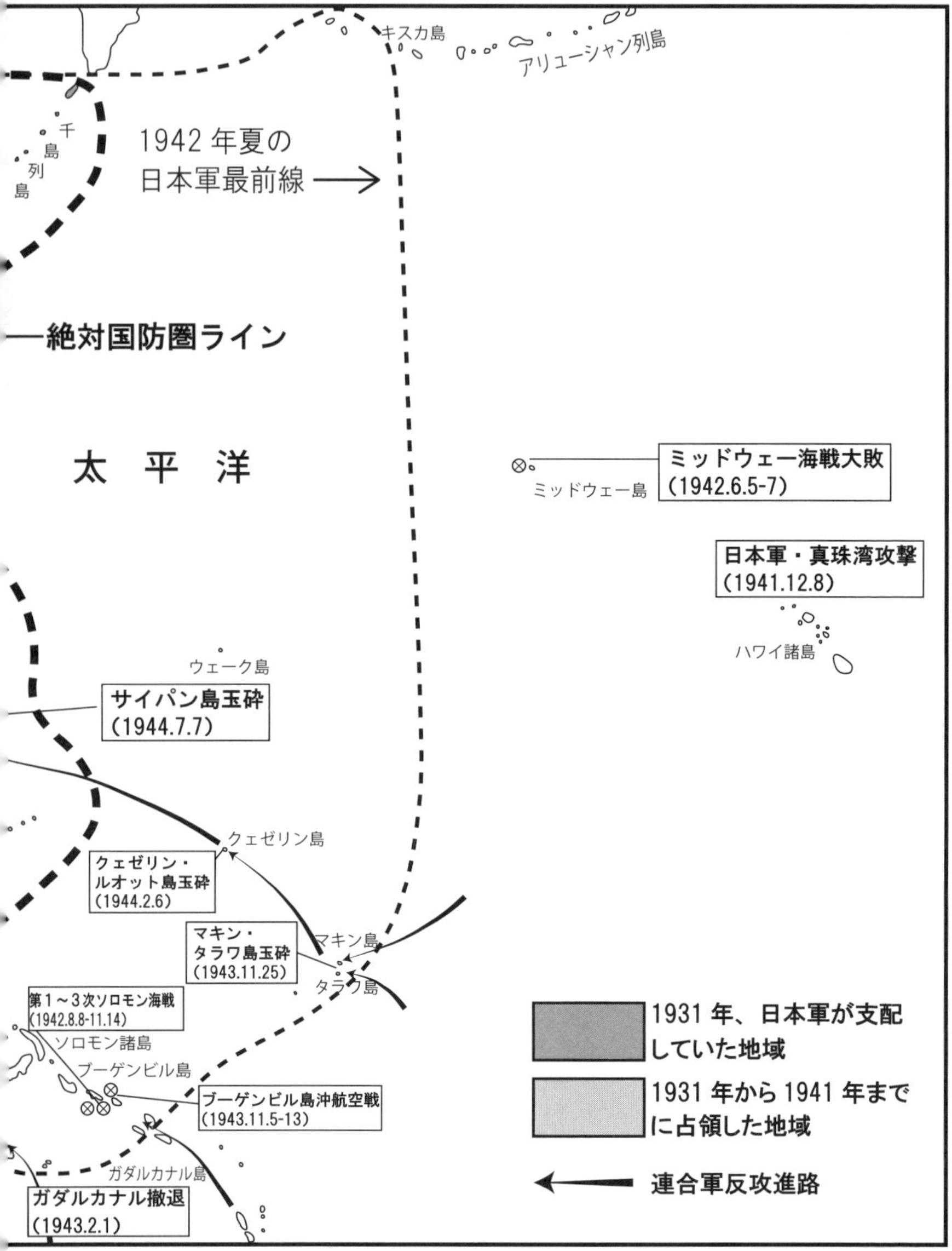
キスカ島
アリューシャン列島
千島列島
1942 年夏の
日本軍最前線
絶対国防圏ライン
太 平 洋
ミッドウェー島
ミッドウェー海戦大敗
(1942.6.5-7)
日本軍・真珠湾攻撃
(1941.12.8)
ハワイ諸島
ウェーク島
サイパン島玉砕
(1944.7.7)
クェゼリン島
クェゼリン・
ルオット島玉砕
(1944.2.6)
マキン島
タラワ島
マキン・
タラワ島玉砕
(1943.11.25)
第1～3次ソロモン海戦
(1942.8.8-11.14)
ソロモン諸島
ブーゲンビル島
ブーゲンビル島沖航空戦
(1943.11.5-13)
ガダルカナル島
ガダルカナル撤退
(1943.2.1)
1931 年、日本軍が支配していた地域
1931 年から 1941 年までに占領した地域
連合軍反攻進路

太平洋戦争での連合軍の反攻ルート

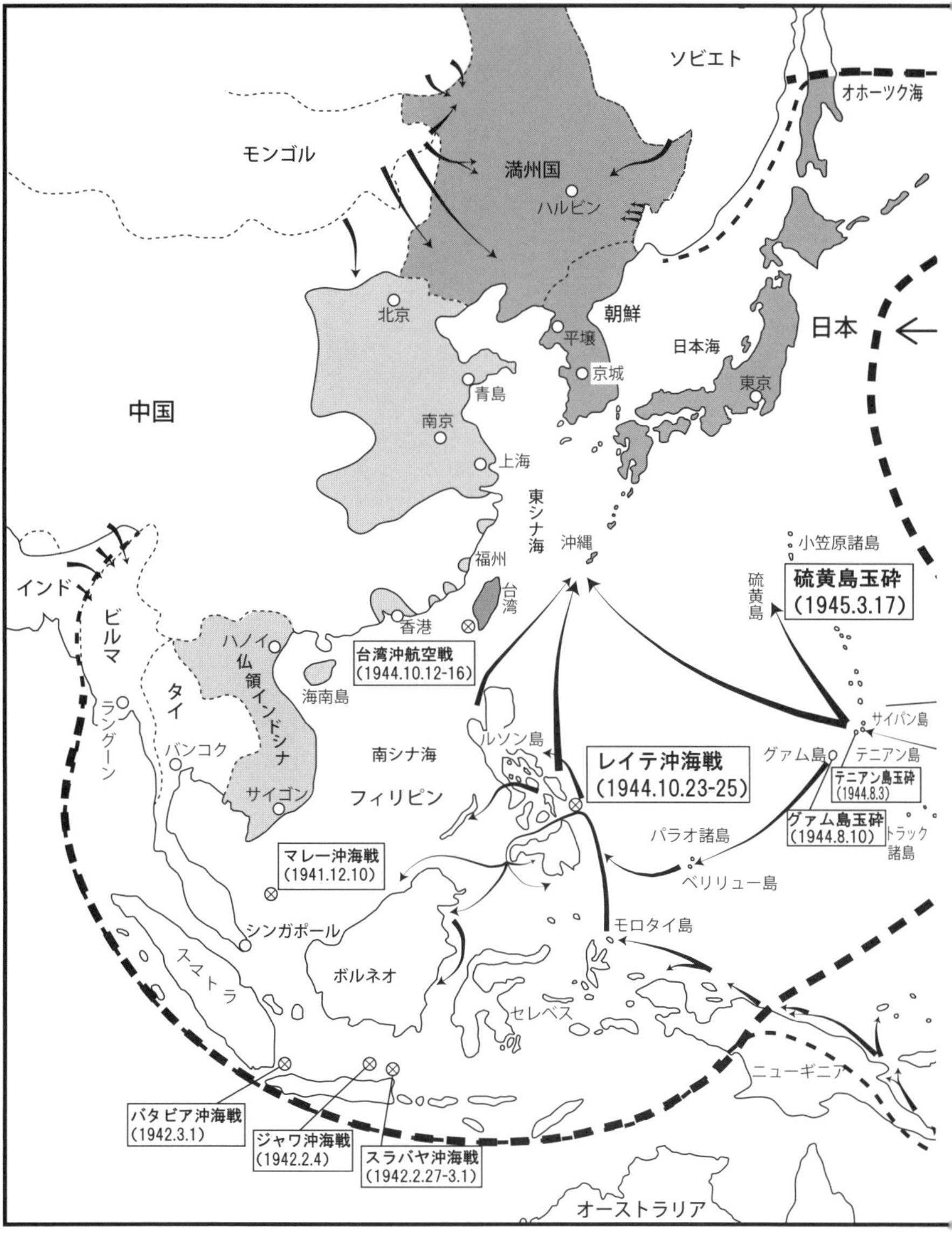

3 戦時下の県政の実態

＊一〇・一〇空襲の悲惨

沖縄の人びとがサイパン玉砕のショックからいまだ立ち直ってもいない一九四四（昭和一九）年一〇月一〇日の早朝、米第五八機動部隊から飛び立った五百数十機に及ぶ米艦載機によって県都那覇市をはじめ、県下各地が空襲を受けました。五次にわたる空襲で那覇市が一日にして市街地の九〇パーセントを焼失させられ、六一三人（民間人）の死傷者を出したほか、県民の約一か月分の食糧を灰にしてしまいました。

食糧米の損害は、致命的とも言えるほどの打撃でしたが、県の牧経済部長は、「肉を斬らせて骨を斬るときの〝肉〟となったことを思い、県民はたち上がった」と述べましたが、しょせんこれも単なる強がりに過ぎませんでした。と言うのは、強気で知られていた荒井退蔵県警察部長でさえ、さすがにこう警告せざるを得なかったからです。

「今回の敵襲は、大東亜戦争の緒戦における皇軍の驚異的戦果によってややもすれば、もうわが

10・10空襲。米艦載機の空襲で燃え上がる那覇港。

本土の空襲はありえないなどという誤った判断を抱いていた者に大きな警告を与えたものと思う。もちろん、わが忠勇無比《ちゅうゆうむひ》なる皇軍の偉大な戦果の前には、大規模な空襲は予想されないが、涯しなき大空で行なわれる空中戦で、奇襲散発的の敵空襲が絶無とは断じ難いのである」（『朝日新聞』鹿児島・沖縄版一九四四年一〇月一〇日付）

また、那覇空襲後、沖縄守備軍（第三二軍）の長勇《ちょういさむ》参謀長は、世紀の決戦場として沖縄が持つ戦略的使命は重大であり、戦う県民は「必勝の信念に徹し、一人十殺の気魄《きはく》に燃えて進んで軍に協力せよ」と、いちだんと声を大にして呼びかけました。

そして一般住民の多くは、来るべき沖縄戦で自らの身の上にどのような惨禍が及ぶか予想することすらできずに、ひたすら現地守備軍の命ずるまま、そして県当局の指示に盲従して動き回るしかありませんでした。すなわち「一〇・一〇空襲」以後も軍部の大言壮語を信じ込んで、一途に那覇市の復興に全力を投入して当たるとともに、夜を日についで守備軍陣地の構築に携わっていたのです。

＊日ましに募る生活難

生活必需物資の逼迫《ひっぱく》は、日を追って悪化するばかりか、敵の沖縄上陸は必至との状況下で住む家にも不自由するし、家族は軍に徴用されてバラバラになるしで、次第しだいに軍高官の叱咤激励《しったげきれい》も効果が薄れ、生活の不自由さをかこつ声が日ましに高まる一方でした。

このように敵の上陸前から人びとの士気が低下したとあっては事なので、熊本財務局は、那覇大空襲の後、掘川源太郎総務部長を沖縄に派遣し、空襲で被害を受けた地域の所得税や事業税、臨時利得税などの徴収を二か年だけ猶予する措置をとらせたりしました。しかし、急激に悪化する一方の経済状況下では、しょせんそれも〝焼け石に水〟でしかなく、物心両面での生活難は、日一日と募るばかりでした。

ちなみに、砂糖の配給量が、全国的に一か月につきわずかに〇・一二五斤《きん》（一斤は六〇〇グラム）と決められたのもこのころからですが、那覇市では、肝心の食糧米の配給さえ一日一人当たり一合五勺という状況となりました。これにたまりかねてか沖縄唯一の新聞**『沖縄新報』**①は、「飽食を貪りたいわけではないが、余りにも低い配給率には各地で批判があり、甘藷《かんしょ》も蔬菜《そさい》も雑穀も不自由な状況下では雑炊などの〈決戦食〉すら作れないと不満をぶちまけ、この一合五勺の配給さえ輸送問題の困難さを思うと、今後は確保できるかどうかも覚束《おぼつか》ないから、県民は自給自足の食糧増産に寸土《すんど》も遊ばすことなく努力しなければならない」と、警告を発したほどでした（一九四四年一一月一七日付）。

極端な食糧難に加えて、衣類や住居の不足もとても深刻でした。那覇市の罹災者救援のため、「戦時災害法」が適用されましたが、現場の給付をタテマエとしながらも物資が欠乏して現金給付となり、実質的な効果は見るべきものがなかったからです。罹災者の中には罹災後二か月たっても住む家さえなく、豊見城村の墓場や豊見城城跡の洞穴で雨露を凌《しの》ぐ人たちが約二〇〇人もいる有様でした。

＊叱咤激励するだけの指導者たち

日本政府はいずれ敵機の大規模な空襲があるものと予想して国内防衛態勢の強化を指示するとともに、内務省に空襲被害対策連絡協議会を設置するなどしました。沖縄でも、第二、第三の敵襲は必至と見て県当局は、「本県は、もはや前線から第一線に化した」と民間人自身による防空態勢の強化をとくに強調するようになりました。

現地守備軍情報部は、空襲を予知し得なかった自らの責任を棚にあげ、「那覇市が、一夜にして灰燼に帰した一大原因は、犠牲的敢闘精神の欠如にあり」と断じるしまつでした。その後、警防団や隣組単位の防空消火活動の重要性がいちだんと声高に強調されましたが、実際の効果となると、先の大空襲の実情からしても疑問だらけでした。

だが、そうした実情を知ってか知らずにか、当間重剛《とうまじゅうごう》大政翼賛会県支部長は、沖縄の防空態勢を強固にするためには航空戦力の増強が不可欠であるにもかかわらず、沖縄から陸海軍諸学校へ入学する者の数が少ないのは遺憾だと、「この焦土の中から、起ち上って仇を討つべく体当たりを敢行しなければならぬ。何はともあれ、県下の青少年学徒は、一人残らず航空兵に志願するのが本県教育の一大眼目である。幸い、軍当局も筆記試験を廃止して荒鷲《あらわし》志願を受け付けている。神風特別攻撃隊に続き、必死必殺の体当り精神を県下学徒が堅持して、今こそ飛行兵志願に突入しなければならない」などと説き回りました（『沖縄新報』一九四四年一一月一八日付）。

このような言動は、戦局の推移を冷静に見究めるゆとりもなく、いたずらに命を捧げることだけを強調する、いかにも古くからの伝統的な発想に他ならなかったのですが、こうした発想は多かれ少なかれ、県下の指導者たちに共有のものでした。

県教学課の永山寛は、「本県にとって、いかなる教育実践をなさんとするか」と自問し、「第一に県下の青少年をしてわが国の悠久無限の皇国史観に徹せしめ、皇国必勝の精神を堅持せしめねばならぬ」と言い、具体的には、「県下の男子青少年を、すべて太平洋の大空に送り、女子青少年は一人残らず航空機工場へ挺身せしめることだ」と語っています。

また、具志堅宗精《ぐしけんそうせい》那覇警察署長は、「元来、人間は裸で生まれてきており、着のみ着のままになっていても残った分はそれだけ儲けものだ」と述べ、語をついで、「罹災した市民は、神風特別攻撃隊の心を心として戦力増強作業に邁進すべきだ」と語るのみでした。

こうした発言から汲み取れるように、太平洋戦争における戦況の悪化は、県下の指導者たちをしていよいよ実態の裏付けのない「精神主義」に走らせる結果になったのですが、そうしたありようこそが政府・軍部の戦争政策に沿う唯一の道と見なされていたのです。

沖縄守備軍首脳や県当局、あるいは各界指導者たちによる士気高揚のための叱咤激励も、当初はいくらかの効果を持ち得ましたが、白昼、しかもわが物顔に敵機が那覇大空襲を敢行した後は、いたずらに市民の不信感を招くだけで、それだけ民心の動揺は覆いがたいものがありました。そのことは、『沖縄新報』のさりげない報道からも伺えましたが、軍部の流言に対する統制の厳しさもあって表面化するには至りませんでした。

ちなみに『沖縄新報』は、六〇万県民が、決戦食糧の自給自足を達成するためには大東亜戦争を完遂する信念がなければならないが、当面の増産事情をつぶさに検討した場合、農村民の増産意欲の沈滞ぶりは覆うべくもない、と報じていたのです。すなわち「砂糖を作っても駄目だ」とか「今年はトマトは作るまい」、「百姓は割が合わぬ」といった文句がいつしか食事時などで聞かれるようになる一方、県当局の指示に反して家畜をつぶしたり、不毛地を放棄したままの所が増えるなど、空襲後の民心の不安定な様相は至る所であらわになってきました。

こうした実情を踏まえ、同紙は、とくに農民と軍・官・民が気持ちの上で一体となっていないことが事態を改善する上で最大のガンとなっていることを指摘し、単なる掛け声だけでは農民の心境と融和することは不可能で、したがって決戦下の食糧増産も望み得べくもない、とまさに問題の核心をつく論評を繰り返すほどでした。

那覇大空襲後、『沖縄新報』は、「当面の問題」と題して各界の指導者の見解を一週間にわたって連載しましたが、その最終回に、「決戦沖縄の建設、民意を暢達せよ、指導力の強化を望む」という社説を掲げ、やがて戦場化するであろう沖縄が当面するもろもろの重要な問題を解決する鍵は、十分に県民の士気を高めるにあることは無論だが、遺憾ながら県民の復興意欲の低調さを見ても、諸般の状況から判断しても、県民士気の高揚を裏付けるものがない。「一〇・一〇空襲」における予想外の打撃が、諸種の困憊《こんぱい》を招いたことは否めないとしても、県民の士気をここまで阻喪させたことは、どこに原因があるのか各方面の声を総合してみよう、と次のように論評しています。

「県民の士気が高揚されないのは、県当局や大政翼賛会をはじめ指導階級の無力さが責任の大半を負うべきである。民心が求めて止まないものは、指導者の率先垂範の強力な指導力だったのだ。ところが、敵愾心《てきがいしん》を振起させ、士気を鼓舞する絶好の機会に指導の任に当たる当局者は、何をしたか。およそ民心の安定、士気の高揚は、指導者の指導いかんにかかっている。しかも、今日においては、単に口舌《こうぜつ》のみでは民衆はついてこない。指導者は、信頼感を植えつけるべくあくまで官僚意識を捨て去り、身を以て範を示すことが肝要である」

地元唯一の新聞が、県当局や指導者たちをこう論難したのは、それなりの理由があってのことでした。一〇月一〇日の空襲後、県知事以下の県首脳が県庁所在地の那覇を離れて沖縄本島中部の普天間《ふてんま》に避難し、事実上、県の行政事務が停滞していたほか、県庁の高級官吏や校長級の教育者、県**視学**②などが、「事務打合わせ」の名目で、本土他府県に出張したまま帰って来ないのが少なくなったからです。

このような事情から『沖縄新報』は、南西諸島護持に任ずるのは誰でもない、六〇万の県民であり、県民の戦列に伍しているという自覚こそが、全ての問題を解決する根本だ、と次のように説いたのでした。

「本県は、この大東亜戦争において、第一の災害県ともいうべく、サイパン、テニアンで玉砕した同胞、海上における犠牲、空襲災害など、したがって敵米獣にたいする憎しみ、憤りは、日本一であるはずだ。それを思うと、最後の一人になるまで、敵を必殺せずんばやまぬ意志こそ、県民の一人一人が堅持しておらねばならぬもので、一般県民も、この意味から指導者をのりこえて、邁進することが、強く要請されよう」

指導者に裏切られても、かつまた事態の悪化を目のあたりにしながらも、以上のようなないものねだりの要請を繰り返さざるを得なかったところに、沖縄の新聞の辛い役割があり、また伝統的な思考様式から抜け出せないゆえんでもありました。

すなわち、米軍が沖縄に上陸する以前から、沖縄県は、「日本一の災害県」だという認識を持ちながらも、ある意味では不可避的だったとは言え、地元新聞は、沖縄が戦場化されることに異を唱えることもできず、日本でも最大かつ最悪の被害を実質的に被ることによって、あえて〝真に日本人たること〟を証しする道を自ら選んだと言えなくもないのです（『沖縄新報』一九四四年一二月一日付）。

【Ⅱ章―3　注】

①『沖縄新報』：一九四〇（昭和一五）年から一九四五（昭和二〇）年の敗戦時までの沖縄でただ一つの新聞。戦局の重大化に伴い、一九四〇年には新聞を統廃合して一県一紙制が実施され、沖縄県ではそれまでの『琉球新報』『沖縄朝日新聞』『沖縄日報』の三紙が、『沖縄新報』の一紙となった。

②視学：旧制度の地方教育行政官。市視学・郡視学・府県視学があり、学事の視察および教育指導にあたった。

4　沖縄の人びとの尽忠報国の態様

＊指導者たちの異常な言行

一〇・一〇空襲の後で、『沖縄新報』が今少しく事態の深刻化を認識し、その後の戦局の帰趨を見定め、一途に非戦闘員の生命の安全を保護する立場で論陣を張っていたならば、いくらかは被害を軽減することができたにちがいありません。しかし、そうせずに同紙は、逆に守備軍と同じく精神主義に陥り、「〝神風〟賦《ふ》」と題する社説で、こう説いています。

「敵機B29のわが本土空襲は、いよいよ激しくなった。敵の攻撃が激しくなったからとて恐れる必要はない。敵の唯一の恃《たの》みとする物量にたいして、神風特別攻撃隊によって表現された〝神風精神〟は、まさに物量を超克《ちょうこく》する偉大なる神州護持の大精神である。小磯《こいそ》首相が、しばしば指摘しているとおり、大東亜戦争に勝つには、国体意識を明徴《めいちょう》にする事が重要である。国体を明徴にすれば、神州を護持する精神は自ら湧発し、生命財産を上御一人《かみおひとり》に捧げつくしていささかも悔ゆることがなく、皇国民たるの本然《ほんぜん》の姿を、いかんなく顕現しうるのである。（中略）神州護持の精神を実践するものは、陸海軍将兵にかぎるものではない。いまや神機《しんき》（はかり知れない機略）いたって大戦果がぞくぞく挙るとき、これに呼応して、県民は、皇国民たる本然の姿を、その生活実践に示さなければならぬ」

一方、沖縄県選出の代議士漢那憲和《かんなけんわ》（元海軍少将）は、那覇大空襲後、その被害状況を視察するため東京から沖縄へやって来ましたが、彼も軍人としての状況把握もしないまま、敵軍は、沖縄空襲で、独り角力をとったことに気をよくして台湾、比島をうろうろするなど、軍事上の常識ではとうてい考えられないことをしていたので、日本の連合艦隊はその隙に神機をつかんで大戦果をあげたとして、「もし沖縄で、空中戦をしておれば、この神機をつかむということはありえなかったかもしれない。これを考えると、沖縄は、尊い犠牲だと諦められる」と述べるしまつでした。

戦局の見通しについてまったく洞察《どうさつ》を欠いたこのような発言がなんらの異議をはさまれることもなくまかり通っていたところに、戦争中の異常さがあったことに注目する必要があります。

このころ、早くも沖縄では一四歳以上の男性は徴兵年齢に達していなくても沖縄連隊区司令官に申し出て、兵籍に編入することができるようになりました。そこで指導者や教育者たちは、「皇土《こうど》防衛《ぼうえい》の精鋭として皇軍の一員に加えられる光栄に浴する」よう若人たちに説き続けていましたが、地元新聞もそうした動きに呼応して「神兵《しんぺい》への途《みち》、拡大」などという見出しで第二国民兵への編入を、県下の青少年に繰り返し呼びかけてやまなかったのです。

従来は、一七歳以上でなければ編入が認められていなかったのが、戦局の急迫にともなって「一四歳以上」に改められたわけですが、新聞は、そうした事態の重大さを慮《おもんばか》るゆとりもなく、兵役への編入を志願する若人たちを「一四歳の若武者」などと書き立てて彼らの勇気を讃《たた》え、入隊を許した親たちの氏名を大々的に紹介したりするしまつでした。

しかもそうした言動は、世の指導者たちにも共通に見られました。彼らは、一九四四年一二月八日の**大詔奉戴日**《たいしょうほうたいび》①三周年を契機にして、いちだんと熱心に県民の敵愾心の鼓舞に力を入れました。しかも彼らの考え方は、よりいっそうファナティックな様相が濃厚になっていったのです。

こうして今日から見ればまるで奇矯《ききょう》な言行としか言いようがない思考・行動様式は軍人や政治家、あるいは県当局者に特有なものではなく、人びとに尊敬されていた宗教家や教育者にも例外なく共有されていました。ちなみに『沖縄新報』は知名士たちの発言を次のように紹介しています。

照屋寛範《てるやかんぱん》（日本基督《きりすと》教団沖縄支部長）「アメリカ人は、口に自由を叫び、平等を唱え、道義を説いているが、これは、すべて自分に都合のいい自由、平等、道義であって、侵略的米帝国主義に他ならぬ。さる那覇空襲のさいの学校、病院にたいする無差別爆撃をみてもわかるように、かれらは、自分の野望達成のためには、いかなる手段も選ばぬ獣性を発揮するのだ」

志喜屋孝信《しきやこうしん》（開南《かいなん》中学校長、後に沖縄民政府初代知事）「アメリカ人の教育程度は、一般的に非常に低い。深遠な思想を汲取るか、心の糧にするということは、何もない。精神文化の低劣な点、じつに話にもならない」

稲福全栄《いなふくぜんえい》（県立二高女校長）「アメリカ人は、野蛮人にはちがいないが、裸で竹槍をもって首狩りをやっているアメリカ土人とは違って、最も戦争科学に長じた恐るべき野蛮人だ」

以上のような証言は、当時の指導者たちの敵に対する知識の程度や見方を端的に示すものに他ならないのですが、今でこそ疑問だらけのこの種の発言こそが戦時下にあっては正常に映っていたのです。

＊混乱を極める沖縄社会

世の指導考たちが、青少年の戦力化に躍起となっていたさなかで、食糧難は、ますます深刻化していきました。たとえば宮古島の多良間《たらま》村字塩川《しおかわ》では、「食糧不足からソテツに干芋をまぜて食べた八人家族の一家で、六人が中毒死するという事故が起こったりしました。助かったのはソテツ食を食べることができなかった二人の幼児だけでしたが、類似の事件が続出したことによってそれが日常化し、もはや人びとの関心を引くことさえなくなってしまったほどでした。

異常な事件が「正常」なものに転化したとき人びとは、より異常で残酷な事件に接するのでなければ、もはや関心さえ示さないといった風潮だったのです。そうした無神経さが後に大きな災厄をもたらすとは、誰も考えてもみませんでした。ですから時々刻々と戦況が悪化していくにもかかわらず、それを無視するか、軽視するかして事態の変化を見逃す対応しかできなかったのです。

たとえば、このころ国頭《くにがみ》郡金武《きん》村（現金武町）の宜野座《ぎのざ》国民学校（現宜野座村）では、初等科三年以上の児童たちが、食糧増産のため週二回ずつ休校して堆肥の原料採取に当たっていましたが、だれもそれを意に介しませんでした。それどころか新聞は、「小国民農兵隊増産陣へ突入」などとおだて上げる実情だったのです。だが、そうしたことでは、生活の不自由は救いようもないほど困苦は倍加するばかりでした。

郵便局では、労力と輸送力の不足を理由につとに食糧品などの配送を取り止めていましたが、こんどは新旧正月の餅の小包取り扱いまでも停止するほどでした。かと思うと町内会とか隣組などの組織も、このころになるとほとんどが有名無実化し、食糧その他の配給についての伝達さえ思うにまかせず、せっかくの配給物資が入手できないケースがふえる一方となりました。やがて日常生活の混乱から県当局の日々の通達さえ滞ったり、地方農村にはまるで伝わらないことさえ珍しくない事態となりました（拙著、前掲書　三四三頁）。

【Ⅱ章—4　注】

①**大詔奉戴日：**太平洋戦争を遂行するために行われた国民運動の一つ。太平洋戦争の開始日（一二月八日）にちなんで、毎月八日に設定された。国旗の掲揚をはじめ君が代吹奏、御真影の奉拝、宮城遥拝、詔勅や勅語の奉読などが行われた。敗戦まで続いた。

Ⅲ章　沖縄戦の経過

【戦場の子どもたち】

「集団自決」の現場から奇跡的に生還した少女（3月29日　渡嘉敷島）。

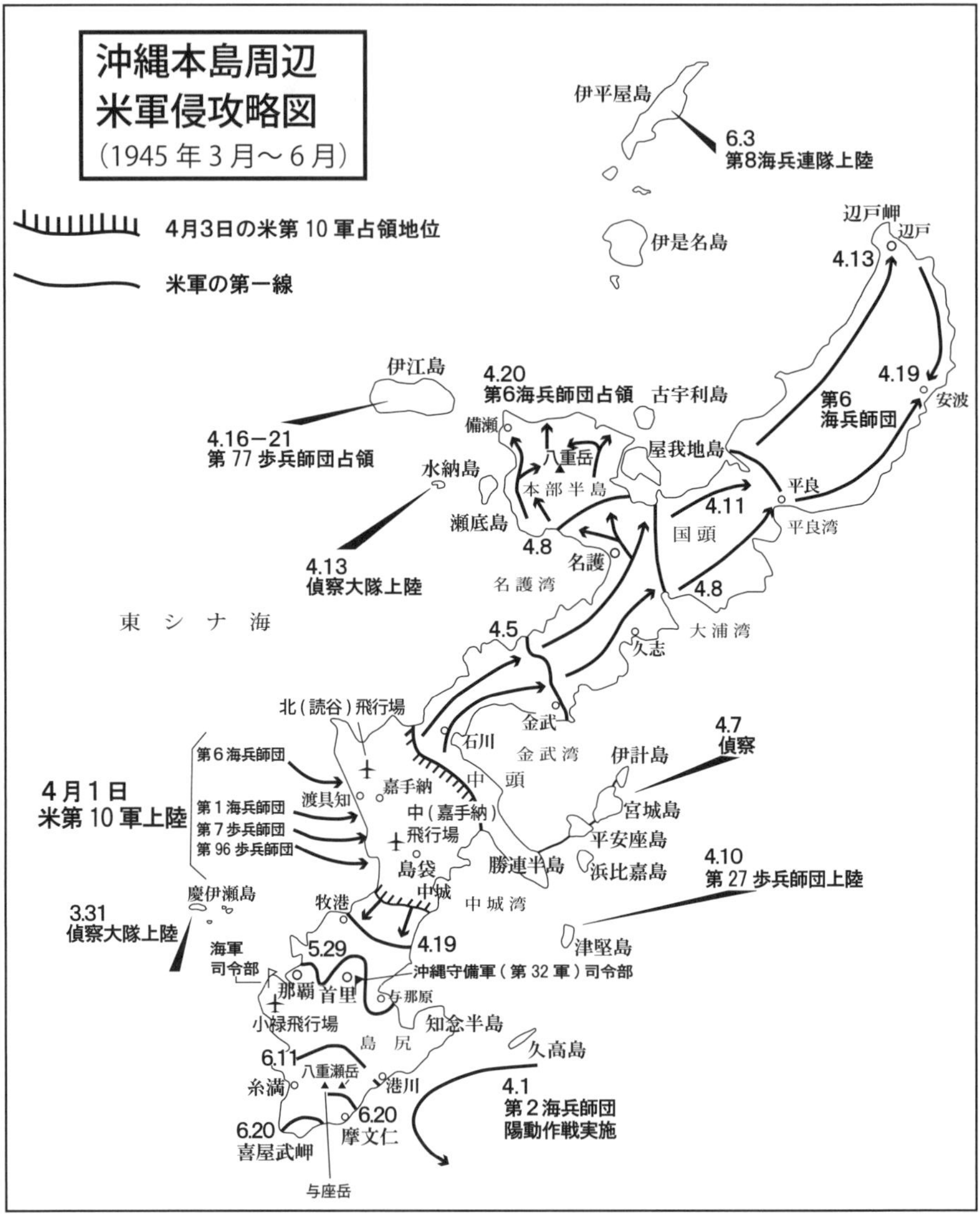
沖縄本島周辺
米軍侵攻略図
（1945 年 3 月～ 6 月）
4月3日の米第 10 軍占領地位
米軍の第一線
伊平屋島
6.3
第8海兵連隊上陸
伊是名島
辺戸岬
辺戸
4.13
4.19
安波
第6
海兵師団
伊江島
4.20
第6海兵師団占領
古宇利島
4.16－21
第 77 歩兵師団占領
備瀬
八重岳
屋我地島
水納島
本部半島
平良
4.11
瀬底島
平良湾
4.8
国頭
名護
4.13
偵察大隊上陸
名護湾
4.8
東シナ海
大浦湾
4.5
久志
北（読谷）飛行場
金武
4.7
偵察
石川
金武湾
伊計島
第 6 海兵師団
4月1日
米第 10 軍上陸
嘉手納
中頭
宮城島
渡具知
第 1 海兵師団
中（嘉手納）
第 7 歩兵師団
飛行場
平安座島
第 96 歩兵師団
勝連半島
浜比嘉島
島袋
4.10
第 27 歩兵師団上陸
慶伊瀬島
中城
3.31
偵察大隊上陸
牧港
中城湾
海軍
司令部
5.29
4.19
津堅島
沖縄守備軍（第 32 軍）司令部
那覇
首里
与那原
小禄飛行場
知念半島
島尻
久高島
6.11
八重瀬岳
糸満
港川
4.1
第 2 海兵師団
陽動作戦実施
6.20
6.20
摩文仁
喜屋武岬
与座岳

1　沖縄守備軍の作戦準備

＊第三二軍（沖縄守備軍）の創設と初期の役割・兵力

第三二軍、すなわち沖縄守備軍の初期における重要な任務は、南西諸島全域にできるだけ多くの航空基地を設営することでした。

それは、大本営が、一九四二（昭和一七）年六月五日のミッドウェー海戦で連合艦隊が予想もせぬ敗退を喫し、太平洋海域における作戦の主導権が米軍の手中に帰した深刻な戦局に対処するため、翌四三年九月にそれまでの作戦計画を改め、絶対国防圏《ぜったいこくぼうけん》を設定して航空作戦に重点を置く戦略をとるようになったこと、さらに一九四四（昭和一九）年二月に入って日本連合艦隊の重要な基地であったトラック島が米機動部隊による激しい空襲で無力化したため、日本本土や南西諸島がじかに脅威に晒《さら》されるに至って、陸・海軍の航空戦力の強化が不可欠となり、いきおい台湾の東海岸と南西諸島全域に飛行場基地を可能な限り数多く建設することが焦眉《しょうび》の急《きゅう》となったからです。

沖縄作戦の準備は「一〇号作戦準備」と呼ばれ、これによって初めて「**皇土の防衛**①」という戦略思想が打ち出されました。その結果、一九四四年三月に創設されたのが他ならぬ第三二軍（沖縄守備軍）で、その守備範囲は北緯三〇度以南の南西諸島に限定されていました。

当初、沖縄守備軍に示された作戦準備の基本構想は、「相互に支援しうる多数の航空基地を整備確保し、これを足場とする航空作戦によって敵を洋上に撃滅するという、いわゆる航空要塞思想に基づくもので、作戦の主体はあくまでも航空である」（陸上自衛隊幹部学校『沖縄作戦　上』未公刊文書　一九六一年七月　三五頁）というものでした。

そのころまでは、まだ米軍の南西諸島への本格的な侵攻が予想されていたわけでもなく、いきおい沖縄守備軍の防衛の主対象は、絶対国防圏の第一線を突破して進入する敵機動部隊の空襲とか敵潜水艦などによる海上からの攻撃、あるいは陸上における小部隊のゲリラ的上陸作戦等が想定されていたに過ぎませんでした。すなわち、これらの小規模の敵の侵攻を航空作戦によって封殺《ふうさつ》し、国土の守備と日本本土と南方資源圏とを結ぶ海上交通路を確保するのがこの作戦の主眼であったのです。

要するに、航空作戦で敵の奇襲攻撃に対処することを目途にしていた程度でした。ですから当初、沖縄守備軍に配備された兵力は、二**個旅団半**[②]にすぎなかった上、これを南西諸島全域に分散配置して航空基地を建設するとともに、自ら同基地や艦船の停泊地の防衛に任ずるようになったのです。

ちなみに戦後、このような作戦について、陸上自衛隊幹部学校の教官たちは、こう語らずにはおれませんでした。

「このいわば航空基地群的な軍の性格は、陸戦を本務とする陸軍部隊にとってはきわめて変則的なものであり、殊に将来を予察して防衛のための陸上作戦の重要性を訴える者にとっては問題もある所であった。しかし、当時は航空作戦の帰趨が戦局を支配しており、有利な航空作戦によって防衛を全うしようというのが当時における中央部の考え方で、その方法としての航空要塞の思想はあらゆる作戦指導の根底をなしており、動かすべからざるものであった」（前掲文書　三六頁）

むろん後に戦局が悪化し、米軍の南西諸島攻略の意図がたんなる奇襲程度のものではなくて予想をはるかに上回る大規模なものとなるのが判明したのに伴い、沖縄守備軍の兵力も増強され、同軍の作戦上の地位もしだいに重要視されるに至りましたが、大本営が下命した航空作戦偏重の戦略は常に現地軍では問題になりました。しかも後で見るように、航空作戦重視の作戦計画をめぐっては大本営と沖縄守備軍、また沖縄守備軍内部においても深刻な対立をもたらし、それが最後まで尾を引いて作戦の遂行に支障をきたす要因となったほどです。

ともあれ、沖縄守備軍は、大本営の方針に基づいて航空基地の設営を第一義的目的にして、徳之島をはじめ、伊江島、沖縄本島、宮古、八重山などに次々と飛行場を作っていきました。その結果、南西諸島は文字どおり飛行場だらけの観を呈するようになりました。しかし、飛行場を数多く作るためには、膨大な人手が要るわけですが、守備軍兵力だけでは足りずに地元住民が毎日約五万人も駆り出されて建設作業に当たらなければならない実情でした。

守備軍としては、大本営の命令に従って一九四四年七月ごろまでに各飛行場を完成する予定を立てていました。しかし、実際に飛行場の建設に当たった部隊は、建設専門の部隊ではなかったばかりか、満州や日本本土から兵員が沖縄へ到着するのが遅れたり、また着任途中に**輸送船が沈められ**③たりしたことなども祟って、軍・官・民の懸命の努力にもかかわらず予定どおりに仕上げることはできませんでした。

こうした実情下で、同四四年四月に海軍の沖縄方面根拠地隊（司令官・大田《おおた》実《みのる》海軍少将）が創設されましたが、同隊は、小禄《おろく》（現那覇市小禄）に司令部を置き、配下に沖縄に駐留する第四三掃海隊と大島防備隊を持っていました。また沖縄方面根拠地隊司令官は、第四海上護衛隊司令官も兼ねていたほか、沖縄方面海軍航空隊等も併せて指揮下に置いていましたが、沖縄作戦に先立って締結された「南西諸島等作戦に関する陸・海中央協定」によって、沖縄守備軍司令官の指揮を受けることになっていました（指揮系統の詳細については防衛研修所戦史室著の前掲書や大田嘉弘『沖縄作戦の統帥』相模書房　一九七九年等を参照されたい）。

＊指揮系統の変更と現地と中央の相克

一九四四年五月には、それまで大本営の直属部隊となっていた沖縄守備軍は、大本営の指揮下をはなれ、西部軍（司令官・下村定《しもむらさだむ》中将）に所属するようになりました。

もともと守備軍は、西部軍の指揮下にあったのですが、西部軍はまだ作戦軍としての性格を持っていなかったことと、南西諸島の作戦準備を急速に促進するために大本営の直轄下に置かれていたのです。ところが、一九四四年半ば近くなると、太平洋の戦局が急激に悪化し、それに伴って日本本土では、各地域の部隊の統帥《とうすい》組織が改められて東部軍（東日本）、中部軍（中部、近畿）、西部軍（中国、四国、九州）、北部軍（東北、北海道）と航空部隊の一部が防衛総司令官（東久邇宮稔彦《ひがしくにのみやなるひこ》大将）の指揮下に置かれるとともに、その性格も従来の防衛軍から作戦軍に変わったので、守備軍は旧態に戻って西部軍の支配下となったのです。

この点と関連して、陸上自衛隊幹部学校編『沖縄作戦　上』には、「大本営の指揮単位の減少、並びに作戦準備間には国民の権利義務に関する事項が多かったから、行政管区関係等も同時に考慮されて変更されたもののようである」（三九頁）と述べています。

ところが、この指揮系統の変更が、当の守備軍には何らの予告もなしに突然実施されたため、現地軍である守備軍の不満を買っただけでなく、将兵の士気まで低下させる結果にもなりました。しかも、その後、同年七月には、守備軍は西部軍への所属を解かれて今度は台湾の台湾軍（安藤利吉《あんどうりきち》大将　一九四四年九月に第一〇方面軍となる）の指揮下に編入されました。

米軍の台湾や南西諸島方面への上陸が確実視されるようになったのに伴って、「皇土《こうど》」の防衛体勢を一段と強化する上で、南西諸島への軍需物資の補給など日本本土からするよりむしろ台湾からの方が便利だし、作戦面での協力関係でも有利だから、といったことが変更の理由としてあげられましたが、まるで朝令暮改《ちょうれいぼかい》的な指揮系統の変更は、いたく守備軍首脳の感情を傷付けただけでなく、作戦をめぐっての意見対立も絡んで、その後、第一〇方面軍と守備軍との関係はきわめて険悪にな

沖縄守備軍首脳たち。米軍上陸を前にした1945年2月の撮影。1大田実海軍中将　2牛島満第32軍司令官　3長勇参謀長　4金山均歩兵第89連隊長　5北郷格郎歩兵第32連隊長　6八原博通高級参謀

りました。

一方、指揮系統の変更を契機に沖縄守備軍首脳部の陣容も一新されました。

病弱がちであった渡辺正夫《わたなべまさお》軍司令官が参謀本部に転出し、その後任には陸軍士官学校長牛島《うしじま》満《みつる》中将が赴任したのをはじめ、参謀長の北川《きたがわ》潔水《きよみ》少将は台湾軍参謀副長に転じ、代りに関東軍総司令部から長勇《ちょういさむ》少将（後に中将に昇任）が着任したほか、参謀陣には作戦担当の八原博通《やはらひろみち》大佐、木村正治中佐（後方担当）、八板繁広《やいたしげひろ》中佐（船舶担当）、薬丸《やくまる》兼教少佐（情報担当）、神直道《じんなおみち》少佐（航空担当）、三宅忠雄《みやけただお》少佐（通信担当）、杤山《はぜやま》徹夫《てつお》少佐と長野英夫《ながのひでお》少佐（いずれも作戦担当補佐）らが加わりました。

守備軍首脳の陣容が整備されたのに続き、沖縄守備軍の兵力も急速に増強されるようになりました。それまでの二個旅団余の編成から四個

師団五個旅団に増強されたのです。

ちなみに沖縄本島に第九師団（通称武部隊、師団長・原守《はらまもる》中将）、第二四師団（通称山部隊、師団長・雨宮巽《あまみやたつみ》中将）、第六二師団（通称石部隊、師団長・藤岡武雄《ふじおかたけお》中将）に加えて、独立混成第四四旅団（旅団長・鈴木繁二《すずきしげじ》少将）、第五砲兵隊（司令官・和田孝助《わだこうすけ》中将）が配備されたほか、宮古島に第二八師団（通称豊部隊、師団長・納見敏郎《のうみとしろう》中将）と独立混成第五九旅団（旅団長・多賀哲四郎《たがてつしろう》少将）、独立混成第六〇旅団（旅団長・安藤忠一郎《あんどうちゅういちろう》少将）、また石垣島には独立混成第四五旅団（旅団長・宮崎武之《みやざきたけゆき》少将）、奄美大島には独立混成第六四旅団（旅団長・高田利貞《たかだとしさだ》中将）が配備されました。

これら各島嶼における兵力は、飛行機や船舶などとの運用面の関係もあって、細部に至るまで全て大本営が計画し配備したもので、現地の沖縄守備軍は、独自の立場から大本営の企画を修正したりする自由はまったくありませんでした（『沖縄作戦　上』四二頁）。

第三二軍司令部は、一九四五年一月一〇日に那覇市松川の農林省蚕糸《さんし》試験場沖縄試育所から首里の沖縄師範学校と同附属国民学校に戦闘司令所を移しましたが、米軍の上陸が必至の状況になると、旧首里城地下三〇メートルに建設したばかりの洞窟に司令部を置き、迎撃態勢に入りました。

地下司令部は、高さ約一・八メートル、幅二・五メートルの主坑道が延長約一五〇〇メートルにも及ぶ長大なもので、そこにはおよそ一〇〇〇余人の将兵が居住していて、第一抗道の入口には長参謀長直筆の「天の岩戸戦闘司令所」の厚い木の看板が掛けられていました。

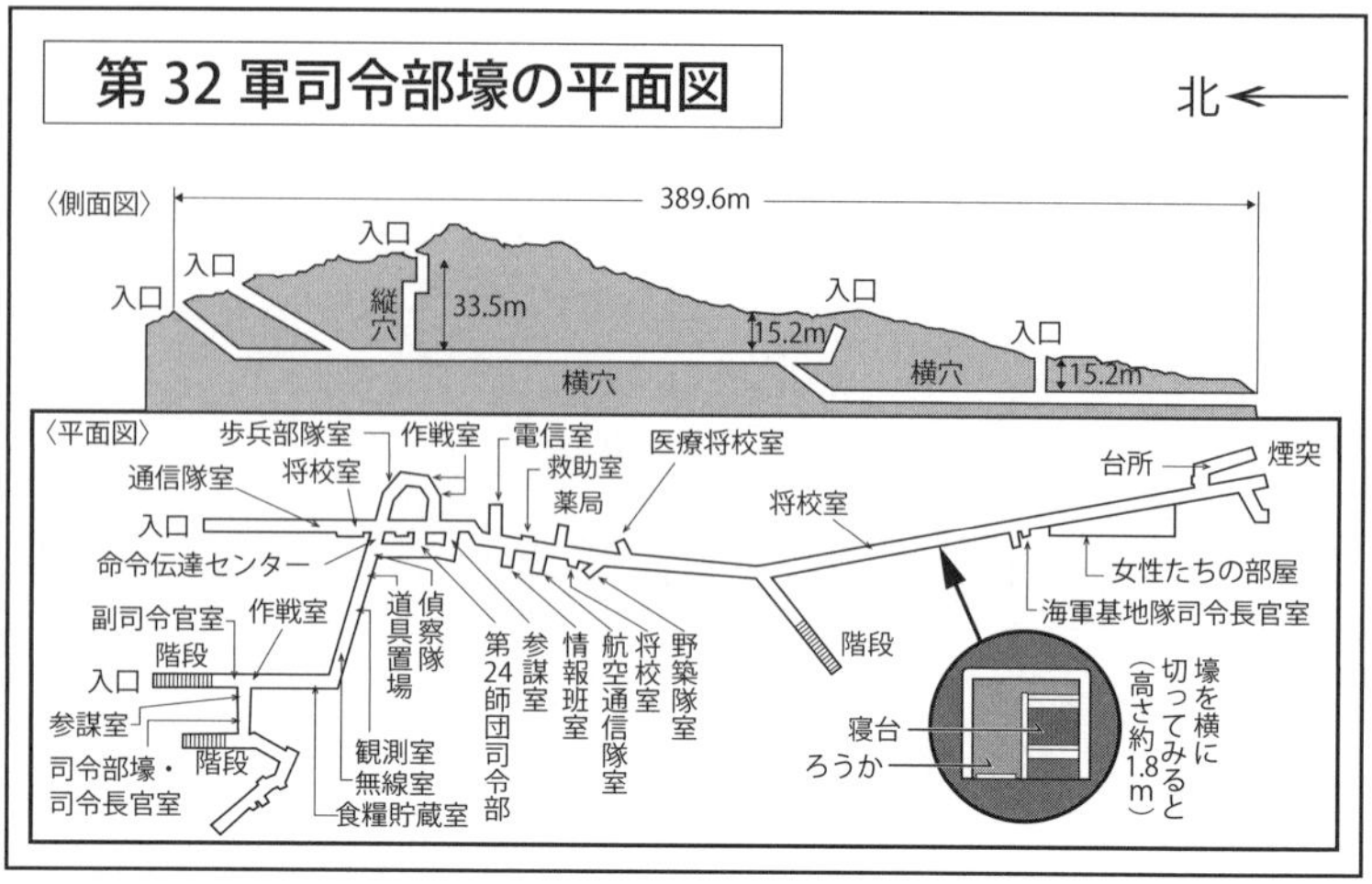

＊戦略持久作戦へ

大本営は、米軍が慶良間諸島に上陸する直前（一九四五年二月上旬）、沖縄守備軍の上級機関である在台湾の第一〇方面軍に対し、台湾や沖縄本島を航空作戦遂行のための基地たらしめ、台湾および南西諸島において敵軍が空・海の基地を設営するのを阻止し、日本本土や朝鮮、支那沿岸方面への敵軍の来攻を封殺せよと命じました。

これを受けて、安藤第一〇方面軍司令官は、「現有兵力を以て沖縄本島を確保し、敵の空海基地の設定を破摧《はさい》すると共に航空基地の強化確保に任ずべし」と命令を下したのですが、守備軍は、その命令にとらわれず独自の作戦計画に基づいて戦闘態勢に入りました。

それまでは沖縄本島で決戦を挑むとともに宮古島その他の島嶼では、できるだけ地下陣地に拠って持久作戦をとることにしていたのですが、前年末に大本営が、守備軍の中から一番の精鋭部隊と称されていた第九師団を引き抜いて台湾に転出させたばかりか、約束していたその穴埋めの在姫路の第八四師団の派遣を中止したため、守備軍は、約三分の一の兵力を失う形となってしまいました。そのような事情もあって守備軍は、否応なしに当初の作戦計画を変更せざるを得ない立場に追い込まれたのでした。

こうして新しく決定された戦略案は、当初企図された上陸地点で敵軍に決戦を挑むことを止め、極力兵員を温存して、米軍の日本本土への上陸を一日でも遅らせるよう、一日でも長く沖縄で釘付けにしておくことが最大の狙いとなりました。その基本戦略をふまえ、守備軍は、軍主力を宜野湾東西の線以南の島尻郡に配備し、もし敵軍がその沿岸に上陸すれば、その場で殲滅《せんめつ》をはかるとともに、嘉手納沿岸に上陸して南下する敵軍に対しては、首里の北方陣地を拠点にして持久出血作戦を行う計画に変更したのです。

【Ⅲ章―1　注】

①皇土の防衛：皇土とは、天皇の統治する国、つまり日本のこと。ただしこの皇土には、北緯三〇度（トカラ海峡）以南の南西諸島は含まれていなかった。沖縄戦は、この皇土を守る本土決戦準備の時間かせぎのための戦いであった。また戦後、この北緯三〇度以南の南西諸島は日本から切り離された。

②二個旅団半：当初沖縄には、宮古島に独立混成第四五旅団、本島に独立混成第四四旅団と第三二軍直轄部隊が配備されていただけだった。なお、旧日本陸軍では編制単位として「総軍」、「方面軍」、「軍」、「師団」、「旅団」、「連隊」、「大隊」、「中隊」、「小隊」があった。うち平時にも設置されているものは師団から中隊で、「軍」以上は、戦争や事変の際に軍令などにより設置された。旅団以上には司令部が設けられ、連隊以下中隊ま

では本部が置かれた。

③輸送船の沈没：一九四四（昭和一九）年六月二九日、沖縄へ着任する第四四混成旅団の乗った輸送船富山《とやま》丸が徳之島沖合で米潜水艦の攻撃を受けて沈没、約四六〇〇人の兵員中、三七〇〇人を失ってしまった。

④米軍の日本本土への上陸：米軍（連合国軍）は、沖縄守備軍を駆逐《くちく》して沖縄を基地化した後、一九四五年一〇月一日には南九州に上陸（オリンピック作戦）、次いで一二月三一日（後に翌四六年三月一日に変更）に相模湾と九十九里浜から同時上陸して、関東平野を侵攻する作戦（コロネット作戦）を展開する計画を立てていた。

2　米軍の上陸作戦と沖縄決戦の実際

＊米軍の沖縄本島上陸と急激に悪化する戦況

米軍は、一九四五年四月一日にいとも容易に読谷《よみたん》や北谷《ちゃたん》海岸に上陸すると、沖縄守備軍に息もつかせぬ進撃ぶりを見せ、約一か月後には守備軍の陸正面の主要陣地の大半を攻略し終えました。その間に迎撃に出た第六二師団は、半分以上の兵力を失うほどの損害を被りました。

戦艦に守られ、波を蹴立てて上陸地点に向かう米水陸両用車（1945年4月1日）。

その後、守備軍は、五月四日を期してそれまでの戦略持久作戦から一歩踏み出す形で、のるかそるかの一大攻勢に打って出ましたが、それも失敗して、攻撃部隊は翌五日には矛《ほこ》をおさめて元の洞穴陣地に戻らざるを得ませんでした。しかもわずか一日だけの反攻で、守備軍の兵力は半分以下に落ち、守備軍首脳は、これだけの戦力で敵軍と正面から対峙《たいじ》すれば、二週間程度しか戦えないと判断して、五月八日には、上級司令部に対し一般方針として次のような意見を具申しました。

「地上では総力をあげて持久作戦に従事し、敵が未だ地上攻略作戦の成否に関し疑念を抱いているこの短期間に、国軍の主力を以て敵艦船主力を撃滅し、敵をして沖縄作戦の継続を断念せしめる」（前掲書　一九九頁）

しかし、このような作戦の遂行は、もはやとうてい不可能なほど沖縄をめぐる戦況は、急速に悪化していました。だいいちに敵艦船の主力を一挙に撃滅する手筈《てはず》になっていた飛行機がほとんどなかったのです。しかも驚くべきことに、日本の航空部隊が沖縄海域に出撃したのは、四五年四月六日ごろからでした。そのときから五月四日の守備軍の総反撃までに延べ五〇六八機の飛行機が使用されたのですが、そのうちの一七一一機は特攻機でした、そして一六一一機が犠牲となってしまいました。

＊陸・海、作戦での対立と本土決戦の準備

あまつさえこの総反撃の重要な時期に、日本海軍と陸軍の作戦上の対立が表面化するしまつでした。海軍は、さしあたって動員可能な全戦力を投入して一挙に沖縄周辺の敵艦船に対し総攻撃をかけ撃滅させる方針を掲げました。つまり、あくまで沖縄での一大決戦をはかる計画でした。これに対し、陸軍は、沖縄作戦の目的は本土決戦の準備のための前哨戦に過ぎず、敵に出血を強《し》いて味方の戦力の持久をはかることにあったので、守備軍が攻勢に失敗した状況から「天号作戦《てんごう》」（台湾・沖縄での決戦を志向する海軍案）にいちはやく見切りをつけていて、日本本土で勝敗を決する方針を固めていたからです。

沖縄から台湾に転出した第九師団の穴埋めとして、在姫路の第八四師団の派遣を決定したにもかかわらず、あえて本土防衛こそが大事だとして約束を反故《ほご》にしたことについては前述しましたが、実は、大本営陸軍部は、いずれ「玉砕」の已《や》むなき運命にある沖縄へ兵員を派遣するよりは、一兵でも多く本土防衛にふり向けたいという考えに立っていたわけです。その意味では、沖縄戦は文字どおり本土防衛のための「捨て石」作戦に他ならなかったのです。

ちなみに大本営陸軍部は、太平洋戦域における戦況の悪化に対処して本土の防衛態勢を強化するため六〇個師団の兵員を配備する計画でした。しかし沖縄の戦局が深刻化し始めた一九四五年五月上旬になっても、第三次配備計画の一八個師団と一六個旅団の動員はまだ計画の初段階で、実際に九州沿岸に配備された兵員は、わずかに四、五個師団の貧弱なものでしかなかったのです。しかも陣地構築面でも有明湾《ありあけわん》正面が約五〇パーセント、他は二〇パーセント程度しか仕上ってないという実情でした（前掲書　二〇一頁）。

したがって沖縄守備軍は、米上陸軍の約五分の一程度の兵力で、一日でも長く米上陸軍を沖縄に釘付けにして、その間に本土の防衛態勢を完成させることにしたわけです。つまり、日本本土という大きなものを生かすために沖縄という小さなものをあえて犠牲にする戦術に出たわけです。

＊沖縄守備軍、首里を撤退し南部へ

米軍の上陸から約一か月半の五月も中旬になると、軍事専門家たちには、はやくも沖縄戦の悲惨な結末が見通せるようになりました。ちなみに五月一六日に、沖縄守備軍首脳は、大本営に対し、沖縄で武器もないまま戦闘を強いられている約二万五〇〇〇人もの将兵のため緊急に兵器を空輸してほしいとか、動員可能の全空軍機をもって数個の精鋭な歩兵部隊を落下傘で降下させてほしい、さらには連合艦隊と第八航空師団以外の全航空兵力を沖縄戦線に投入して敵を撃滅してほしいと電報で要請し続けていました。

守備軍の洞窟陣地に向けて火炎放射攻撃をする米軍。

こうした要請が聞き入れられるはずがないと知りつつも、「溺れる者は藁をも掴む」といった切《せつ》羽《ぱ》つまった心境からあえて最後の望みを託したわけでした。だがこうした要請は一向に叶えられずに終わりました。

そして、米軍は、五月二一日、沖縄本島の東海岸の西原《にしはら》に隣接する運玉森《うんたまもり》高地の東側斜面を攻略すると、守備軍本陣の首里の包囲網をじわじわと狭めてきました。

沖縄守備軍首脳は、これより先、絶望的な事態の推移から来るべき「玉砕」の運命を予想し、爾後の身の振り方についていくつかの案を検討した結果、五月下旬にかけて首里を放棄して天然の地下洞窟の多い摩文仁《まぶに》丘《おか》と喜屋武《きゃん》岬《みさき》一帯へ退却し、最後の力を振りしぼって持久作戦を続けることに決めました。

そして軍主力は、五月末までに首里戦線を撤退

南部戦場の上空に米軍の照明弾が打ち上げられ、地上は真昼のような明るさとなった。

することにし、早くも五月二四、五日ごろから負傷者等を先頭に南下を始めました。幸いなことに、五月二二日から同月末にかけて沖縄本島は激しい雨に見舞われていました。そのため米軍機の活動が制約されたこともあって、米軍は当初、守備軍の南下に気付きませんでした。

もっとも五月二四日ごろ、一部の米軍機は、白衣を着た人びとが雨の中を三々五々《さんさんごご》、南部へ向かっているのを発見しましたが、とくに攻撃しようとはしませんでした。それより先、米軍は日本軍陣地に空から宣伝ビラを撒き、〝沖縄住民は白衣を着て、米軍機の銃撃と爆撃を避ける識別《しきべつ》とするよう〟警告を発していたからです。つまり実際には白衣は傷病軍人に他ならなかったのに、地元住民と考えて攻撃を控えていたのでした。

ところが、五月二六日ごろから米軍機は三〇〇〇人から四〇〇〇〇人ほどの日本軍将兵が首里から

完全な廃墟と化した首里城周辺。後方に首里の町。手前の池は龍譚池。

南下するのや、一〇〇両にも及ぶトラックの一群が八重瀬岳《やえせだけ》前面の路上を南進するのを発見して、すかさず攻撃をかけるとともに、味方の火砲と艦砲《かんぽう》を誘導して集中砲火を浴びせるようになりました。

　こうして米軍首脳は、それまでは航空写真や捕虜の訊問記録などから、日本軍は最後まで首里を死守するものと見ていたのですが、第一〇軍情報部（G—2）の偵察報告に基づいて、五月三〇日から翌三一日にかけて牛島満司令官以下の沖縄守備軍がすでに首里を撤退したことを確認したのです。

　沖縄守備軍が首里を撤退することに決めた日時については、日米両軍の記録は、若干食い違っています。アメリカ陸軍が公刊した『沖縄＝最後の戦い』によると、守備軍の首里撤退についての正式命令が出たのは五月二四日と記録しています

（米陸軍公刊戦史『沖縄＝最後の戦い』陸上自衛隊幹部学校　一九六〇年　三八九頁）。一方、日本軍の記録では、五月二二日夜半に、守備軍配下の各兵団の参謀長や高級部員らが参集して協議した結果、翌二三日の夜半、牛島司令官が第一線主力の後退は二九日からとし、負傷者及び軍需品の後送は即座に開始するよう命令したとなっています（陸上自衛隊幹部学校『沖縄作戦　上』二二二頁）。

ともあれ、米第五海兵隊第一大隊のA中隊は、同二九日午前一〇時一五分に難なく首里城跡を占拠していますが、守備軍の地下司令部壕では、まだ一部の将兵が頑強に抵抗し続けていました。

守備軍司令部自体は、五月二七日に首里を離れ、ひとまず津嘉山《つかざん》に一泊した後、二九日、喜屋武半島地区に後退を開始、翌三〇日早朝までかかって摩文仁岳の南側八九高地に設置された自然壕からなる新司令部壕への移転を終えました。しかし、首里戦線から徹退したときには約五万人ほどいた守備軍将兵のうち、この南部陣地へ無事に移動できたのはおよそ三万人程でしかありませんでした。

とりわけ約一万人に及ぶ負傷兵たちは、歩行が可能なものを別にすれば輸送機関の配備もなく、その処置に困惑した軍司令官は、首里に置き去りにする以外なす術《すべ》もなく、結局、その約半数は自決し、残りは敵手に捕虜にされるしかありませんでした（前掲書　二一八頁）。

＊沖縄方面根拠地隊が全滅

第三二軍首脳は、小禄一帯の守備に当たっていた大田実少将以下の沖縄方面根拠地隊については六月二日以後に南下させる計画でしたが、連絡がとれずに同海軍部隊は重火器や大砲などを自ら爆破したあげく、五月二六日の時点ですでに本島南部へ撤退していました。これに驚いた守備軍首脳はその対策に苦慮した末、同二八日に小禄の旧陣地への復帰を命じたので、約二〇〇〇人の海軍将兵は翌二九日に再び小禄へ戻るという不手際となりました。

これも断末魔の戦場の様相を示す一事例とも言えますが、その後、同海軍部隊は、米第六海兵師団の猛攻撃を受けて玉砕の危機に瀕し、六月五日に、大田実司令官はもはやこれまでと、守備軍牛島満司令官宛に書簡を送って次のように決意を述べています。

「今は思い残すことなく　小禄地区を死守し　武人の最後を完《まっと》うする考えである。ここに　三二軍司令官の懇篤《こんとく》なる御指導に御礼を申上げるとともに　御武運の長久を祈る」（前掲書　二二一頁）

これに対し牛島司令官は、直ちに南部へ撤退を促す命令を発しましたが、海軍の決意を代えさせるには至りませんでした。こうして六月一一日の夜、大田司令官は、牛島守備軍司令官にあて、「敵戦車群は　わが司令部洞窟を攻撃中なり。根拠地隊は　今一一日二三三〇玉砕す。従前の厚誼を謝し、貴軍の健闘を祈る」との訣別電報を打電しました。そして二日後の六月一三日午前零時ごろ、沖縄方面根拠地隊首脳は、地下司令部壕内で自刃《じじん》して果てました。

その三日後に米海兵隊員によって、大田司令官と五人の参謀の遺体が発見されましたが、自決の方法をめぐって、首を掻き切って死んだとする説と、拳銃で頭をぶち抜いて最期を遂げたと見る説とがあって今以てその真相は確定していません。

ところで、五月下旬から例年になく豪雨続きであった沖縄の雨期も、六月五日からようやく止み、それを契機に米軍の攻撃はいちだんと激しさを増しました。第二四師団の約八〇〇〇人の将兵は、最後の拠点である八重瀬岳から糸満《いとまん》に連なる高地帯の守備に当たり、一方、藤岡中将配下の第六二師団の約三〇〇〇人の残存兵力は、真壁《まかべ》付近一帯に布陣していました。

そしてその東翼陣地では、第四四独立混成旅団が貧弱きわまる武器、兵員で、強力な米第七海兵師団と対峙していましたが、もはや日本軍の敗北は覆いがたい戦況となっていました。

3　本土防衛のための「捨て石」作戦

＊バックナー中将、牛島司令官に降伏勧告状を送る

米軍主力部隊の第一〇軍司令官バックナー中将は、六月一〇日の早朝、沖縄守備軍牛島司令官に対し八項からなる次のような**降伏勧告状**①を送り付けました。

一、貴殿の指揮下にある諸部隊は、この沖縄の戦闘において、勇敢によく戦いました。また貴殿の歩兵戦術は、わが米軍の賞賛を博しています。

二、貴殿は、余と同様に長期間歩兵戦闘を研究し、かつ訓練した歩兵将官です。貴殿は、本島防衛軍の悲惨な状態および本土からの増援を望み得ないことは、十分にご承知のはずです。これゆえに本島における日本軍の敗北はただ時間の問題です。またこの上抵抗すれば、残存日本軍は必ずや大部分殺されるということは、余と同じくよく理解されておると信ずる次第です。

三、我が軍は、現在いな将来も、本島の大部分を確保している現状においても、本島は、日本本土空襲の基地として大いに役立っている。貴殿の本島防衛の目的は、米軍の本島基地使用妨害でありましたが、これも失敗したのです。現在貴殿の行っている抵抗は、日本本土防衛作戦上無益にして、かつまた戦後日本再建に最も必要なる青年を無駄に減少せしめるのみです。

四、部下を幸福ならしめることは、指揮官の最も重要なる義務の一つであるということは、歩兵将官として貴殿はよくご承知と思われる。既に勝敗の決定している戦争において、部下将兵を助ける何らかの手段があれば、それを遂行することは指揮官の尊敬すべき義務です。

五、余はこの戦争の最後の勝利を獲得するまでは、容赦なく各戦闘を遂行する。しかしながら米国および世界文明国の人道主義上、貴殿はすでに勝敗の決定している戦争に無意義な防衛をして、最後の一人まで殺してしまうよりは、むしろ部下将兵の幸福を保証するため、直ちに交渉に移るべきだと余は考えます。貴殿の指揮下に在る部隊が休戦すれば、貴殿は軍事的に的確なる判決を下したという名声を博するのみならず、部下将兵の家族および友人の感謝の的となります。これに反してなお戦争を継続すれば、閣下は自分自身の虚栄心のため無闇に幾千の勇敢なる将兵を犠牲にしたと言われ、また家名を永遠に汚すことになります。

六、それゆえ、余は閣下と交渉する準備が整っております。交渉は貴殿から左の如くなされれば結構です。この書面を受け取られた翌日の午後六時に、地上および空中からよく見える大きな白布を日本軍戦線内で、沖縄島西海岸に最も近い位置に掲げて下さい。これは閣下の代表者が交渉のため無事に（前線を）通過できるための信号です。同日同時刻に、六人以下の代表者を同地の米戦線へ徒歩で来させて下さい。閣下の代表者は、直ちに余の本部に護送されます。そこで余は、名誉的であり、かつ秩序正しい休戦方法を伝えます。会議修了後、代表者は送還します。代表者が会議に提出する貴殿の提案は、必ずや貴殿の名声および高位にふさわしく敬意を以て取り扱います。

七、日本の封建時代および近代の指揮官が、既に敗北の決定している戦争において、部下将兵を無駄に犠牲にせず、立派に救った幾多の実例の追想を貴殿に促す必要はありません。人道的に考慮すれば、貴殿は、当然彼等の選んだ道を選ぶべきです。

八、この通信の公式の書面は英文です。

昭和二十年六月十日

沖縄島第十軍兼沖縄島全米軍総司令官　　陸軍中将　シモン・バックナー

（筆者がワシントンの国立公文書館で発掘した日本文コピーを現代かなづかいに改め引用）

以上、長々と引用しましたが、敵将ながらいかにも情理を尽くした勧告と言えるのではないで

前線を視察する米第 10 軍司令官・バックナー陸軍中将(中央)。

しょうか。もしもこの時点で牛島司令官がこの勧告を受け入れていたら、おそらく守備軍将兵および南部一帯の戦線を彷徨していた住民の犠牲は、大幅に減少したにちがいありません。なぜなら日本軍の損害は、六月の初めから中旬にかけては一日平均一〇〇〇人ほどでしたが、六月一九日時点には一挙に二〇〇〇人に倍増、さらに三日後には四〇〇〇人以上(米陸軍公刊戦史『沖縄＝最後の戦い』四五六頁)を数えるほど尻上がりに増大していたからです。

もっとも折から戦況の悪化で通信が途絶えていた上、部隊間の作戦上の混乱もあって、沖縄守備軍首脳がバックナー中将の降伏勧告状を入手したのは、六月一七日になってからでした。しかもむろん牛島司令官は、それを無視したので、せっかくの情理を尽くした勧告もなんらの効果を生むことはありませんでした。

周知のとおり日本軍の「**戦陣訓**②」は、敵の捕虜になるのを禁じていたし、また牛島司令官自身も生粋《きっすい》の軍人としての自尊心から降伏することは考えに入っていなかったにちがいありません。しかし、それ以上に、沖縄戦の性格そのものが、あくまで敵の日本本土への侵攻を遅らせるための「捨て石」作戦であったことが、最大の問題だったとも言えます。すなわち沖縄守備軍首脳は、命にかけても一日でも長く米軍を沖縄に釘付けにしておくために降伏勧告に従うことは許されなかったのです。と言うのは、彼らは大本営から「捨て石」作戦の任務を果たす以外、何らの命令も受けていませんでした。

ちなみに沖縄守備軍で作戦を担当した八原作戦参謀は、戦後、当時の考え方をこう述懐しています。

「戦争の前途は明瞭であるのに、一億玉砕、焦土決戦を絶叫するのは何故だろうか。一切の事情を最もよく承知しある彼ら（注─大本営首脳）が、その予測がつかぬはずはない。降伏を知らずとの伝統を、純情一途に守って、国民を文字通りに玉砕させるのはあまりにも小児病的ではないか。うがって考えれば、降伏に伴う自らの生命地位権力の喪失を恐れる本能心から、口実を設けて戦争を続けているのではないか。戦をして、勝利の見込みがなければ、手を挙げて和を求め、他日を期するといった勝敗を繰り返した歴史を有する欧米諸国のようなわけにはゆかぬのか。

戦勢窮まった今日、戦争の前途、国家の将来が我々の最大の関心事となったのは自然であり、当然であった。本土において沖縄のような持久戦をやれば、一年半や二年は頑張れるだろう。しかし結局はこの沖縄の如く、全本土を荒廃させ、最後は文字通り、名実ともに滅亡を覚悟しなくてはならぬ、開闢以来二千六百有余年、外侮《がいぶ》を受けたことがないといったようなかたくなな誇りを棄て、降伏するならば、今のうちに速かに和を求むべきである。そして沖縄軍が全滅しない前にである」（八原博道『沖縄決戦―高級参謀の手記』読売新聞社　一九七二年　三六三～三六四頁）

八原作戦参謀は、心中ではこのように考えていたようですが、彼は最後の土壇場になってもついに自らの考えを口外することはありませんでした。

そのため、バックナー中将は、当初の勧告が拒否されたものと思い、相次いで再び降伏勧告伏を日本軍陣地に撒布させるとともに、六月一七日には、一時、砲撃を中止して通訳兵にラウド・スピーカーから日本語で降伏を勧告させました。その上、何百枚もの宣伝ビラを撒布させ、今度は一般将校にじかに降伏を呼びかけさせたりしました。

「貴殿達は、過去二、三日間中に、沖縄島上に残っている日本軍兵士の生命を助けると言う米軍の提案の噂を聞いたでしょう。貴殿達の司令官陸軍中将牛島満閣下は、この提案を拒絶された。それゆえ、貴殿達がこれ以上の殺傷を避けるため、この内容を知ることは必須である。

この裏面の書面は、四八時間余前に陸軍中将牛島閣下に送達された手紙の複写である。閣下はこの名誉的で人情ある提案を考慮するに十分な時間が与えられた。閣下の応答は、貴殿および部下兵士達に無益で哀れな死の宣告を下すと同様である。

軍事学および世界歴史を学んだ貴殿将校達には、牛島中将閣下に送達せられた通信は、世界文明

イラスト入りで投降の方法を知らせる米軍の宣伝ビラ

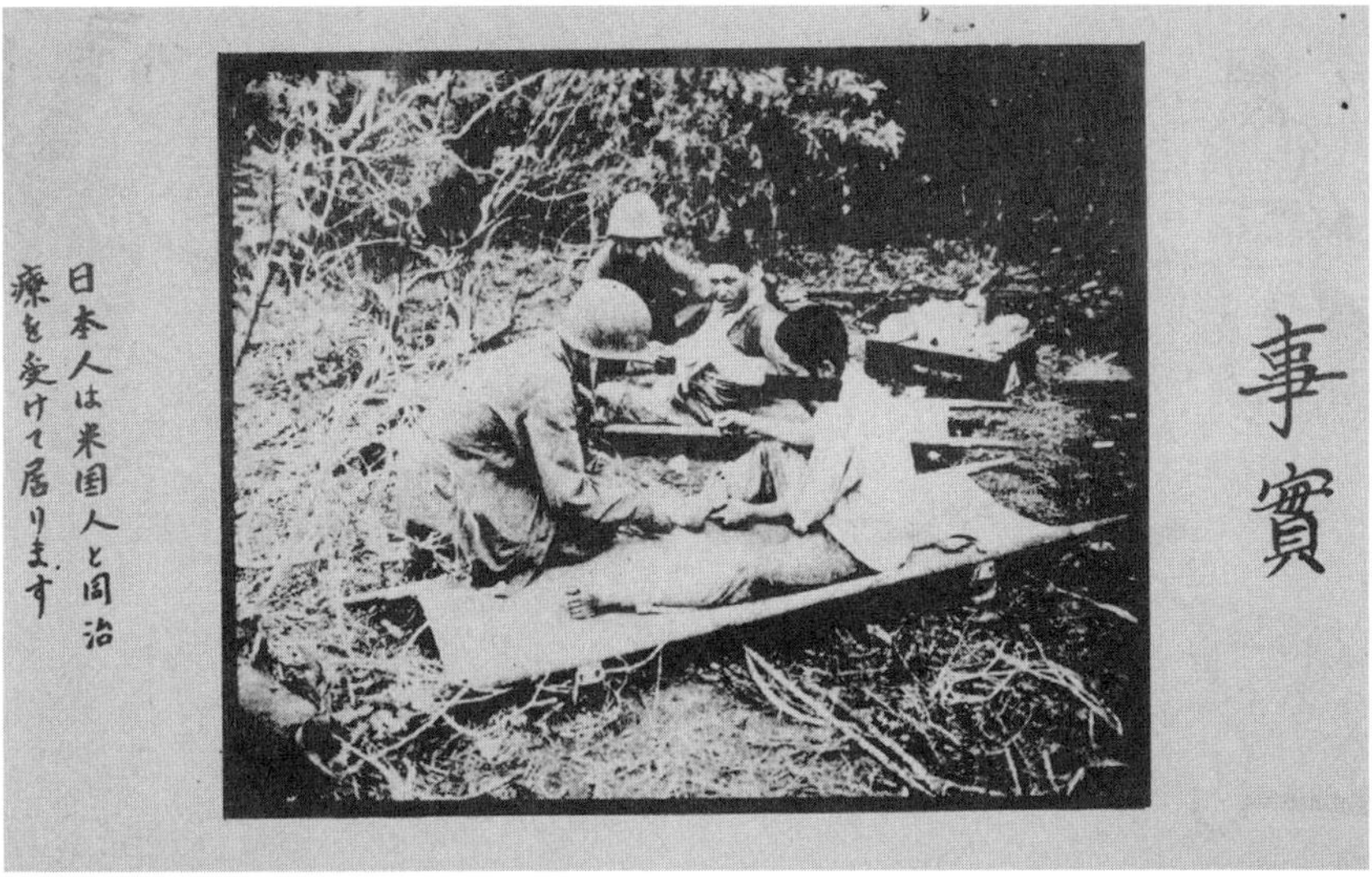

米軍の医療手当を受ける守備軍兵士の写真を載せている（上＝表、下＝裏）。

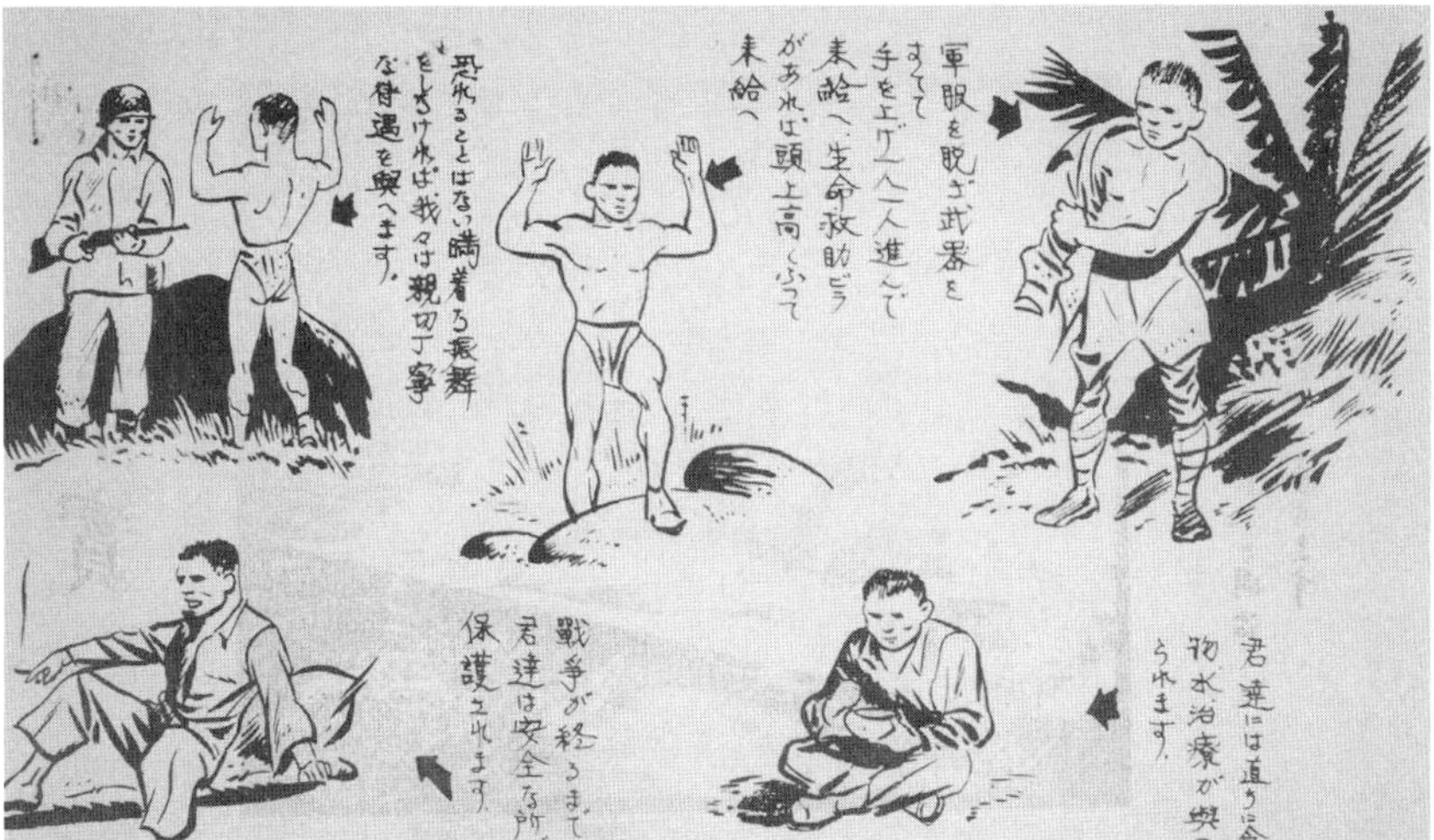

国の人道主義に従って起草されていることを承認するでしょう。かような提案の先例は、世界歴史中には多数である。これと同様な提案は、貴殿達と同じ望みのない状態にあった諸部隊によって幾度も受諾された。この大戦に日本の連盟国であったドイツ全陸海空軍の最近の降伏は争うことのできない例である。貴殿達は同じく日露戦役に日本軍将校が部下兵士を無益な死から救うために降伏した理解ある先例を良く承知のことと思う。

陸軍中将牛島閣下は、部下将兵の幸福をはかるという責務を提案拒絶によって怠ったのである。それゆえ、軍閥および本島司令官の拒否的態度は、部下兵士を無益な死に付すると思われる。貴殿将校に米軍司令官は、米国の人道的提案を及ぼすことを命ぜられた。

休戦の白旗は、貴殿達が米軍と交渉の意志があるものと認められる。この機会は、部下兵士の生命を助けたいと思う全日本軍将校に提供されているのです。部下兵士の生命を無意義な目的のために犠牲にするか、それとも食物、医療および避難所が与えられる米戦線内に誘導するかは貴殿達が今決すべき義務である」（沖縄戦線で撒布された宣伝ビラより）

＊米軍の心理作戦の効果

米軍の記録によると、米情報部員たちの多くは、日本軍将兵に対する心理作戦の効果について、当初はほとんど期待しなかったようです。しかし彼らの予想を裏切ってこうした宣伝ビラの効果は、日一日と目立つようになりました。

ちなみに米軍は、一九四五年三月から同六月二〇日ごろまでに約八〇〇〇万枚の宣伝ビラを撒いたと記録していますが、米軍が上陸してから約二か月間は、一日平均わずか四人ていどの軍人しか捕虜にすることができませんでした。ところがこの宣伝ビラが撒かれた六月一二日ごろから同一八日にかけては捕虜の数は、一日五〇人ほどにふえたばかりでなく、六月一九日には一時に三四三人も投降したほか、翌二〇日には九七七人が捕虜になっています。

それでも米軍側の記録によると、バックナー司令官たちは、牛島司令官によって降伏勧告が無視されたことについて、次のように考えていたようです。

「米軍の上陸以来、日本軍の武器や資材の損失は甚だしく、いまや貧弱になっているにもかかわらず、将兵が最後の勝利を信じて疑わないということは、現実では考えられないことである。敗北の近いことや、窮乏におちこんでいることが分かっていながら牛島将軍の部隊が、なお最後の勝利を信じていたということは、深く根差した伝統、強力に叩きこまれた訓練、それに日本帝国全部にしみとおった歴史的な軍人精神に基づくものである。アメリカ人にとっては全く理解のできない、このような日本軍がいるかぎり、破滅的な戦闘なしには、喜屋武半島も陥落しないし、沖縄の戦いが終わることもない」（ビーニス・フランク著、加登川幸太郎訳『沖縄―陸・海・空の血戦』サンケイ新聞出版局　一九七一年　一六頁）

結局、米軍は、このような判断に立って、日本軍の「玉砕」に向けて、ありとあらゆる火器を総動員して、容赦ない猛烈な攻撃を仕かけたのでした。

＊バックナー中将の戦死と守備軍首脳の最期

六月一八日、沖縄守備軍首脳に降伏をすすめた当のバックナー司令官は、前線で海兵隊の戦闘を視察中に日本軍の攻撃を受けて戦死しました。その翌日には、また歴戦の勇将としてその名を謳われていた第九六師団の副師団長クロウデュス・M・イーズリー准将も戦死しています。こうして戦争は、勝利者にとっても敗北者にとっても同じく苛酷な運命をもたらすことを実証してみせました。

そして、このころから沖縄守備軍首脳の犠牲も急激に増えるようになりました。六月一九日に独立混成第四四旅団長鈴木繁二少将が斬り込み攻撃に出て戦死、二二日の早朝には、ついに牛島満守備軍司令官と長勇参謀長が相共に自決して果てました。それに続いて六月二三日には第二四師団の雨宮巽師団長と第六二師団の藤岡武雄師団長も自ら命を絶ちました。

守備軍の両最高首脳の自決については、今以て真相が定かではありません。両者とも古来の伝統に従って切腹し、同時に副官が介錯《かいしゃく》して首はどこかに持ち去ったという説と、いや両首脳とも切腹ではなくて拳銃による自殺説、さらには青酸カリを使ったという説とが対立しているのです。どうやら写真記録などから判断して第三の説の方が、妥当と思われます。

米軍は、すでに六月二一日の時点で沖縄を攻略した旨、内外に宣言していますが、その前日、摩文仁の守備軍司令部壕では、八原作戦参謀と砲兵隊の砂野高級部員との間でこんな会話が交わされていたようです。

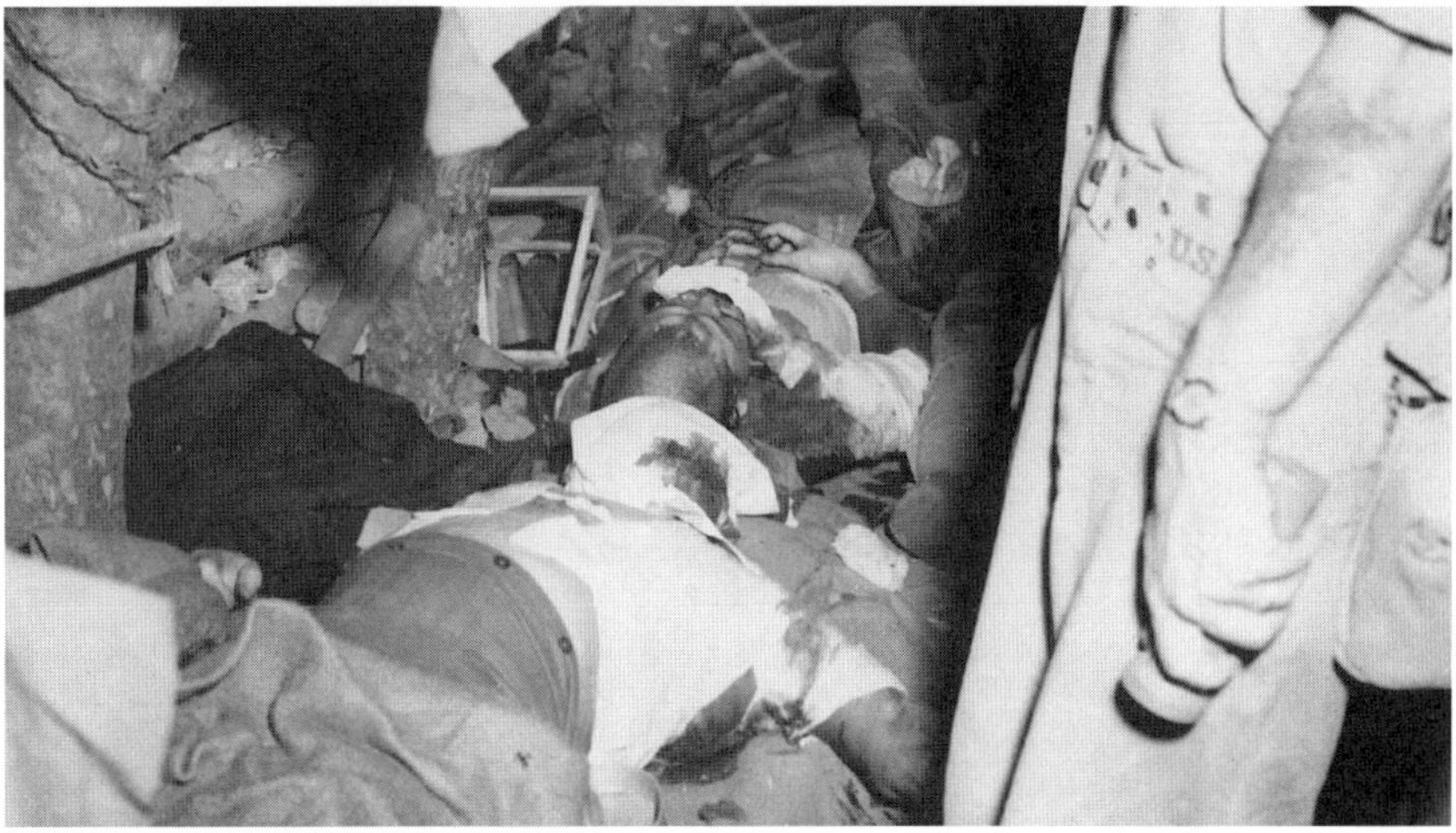

守備軍司令部壕内で自決した牛島満守備軍司令官と長勇参謀長。

「沖縄敗るれば、祖国もまた亡ぶ。日本の将来は見えすいているのに、中央（の）指導者たちは、ほんとに文字どおり滅亡の途をえらぶであろうか。もし降伏するならば、無力化したわが無数の将兵が、未だ全死しない間に降伏して欲しい。否、わが指導者たちは、その本能から自己の地位、名誉、そして生命の一日でも存続を希望して、わが将兵の二万や三万を犠牲にしても、意に介しないのであろうか」と。

大本営をはじめ東京在住の日本軍首脳は、こうした現地軍将兵の苦衷を知ってか知らずにか、沖縄戦の結末についてはほとんど無頓着も同然でした。六月一八日の夕、牛島司令官が大本営参謀次長と台湾の第一〇方面軍司令官宛に訣別電報を打っていたにもかかわらずです。

もっとも、守備軍将兵に最後の最後まで無駄な犠牲を強いたことは、守備軍首脳とても同罪と言わねばなりません。翌六月一九日、牛島司令官は、「全軍将兵の三か月にわたる勇戦敢闘により　遺憾なく軍の任務を遂行し得たるは　同慶の至りなり。然れども　今や刀折れ矢尽き　軍の運命旦夕《たんせき》に迫る。既に部隊間の通信連絡杜絶せんとし　軍司令官の指揮は至難となれり」と言いながらも、あえて語をついで、「爾今《じこん》　各部隊は　各局地における生存者中の上級者　之を指揮し　最後まで敢闘し　悠久の大義に生くべし」と、あくまでも残存する兵たちに徹底抗戦を続行することを命じているからです。

また、第二四師団長も自らの死を目前にしながら、配下の各部隊に対し、「現陣地付近を占領し最後の一兵に至るまで敵に出血を強要すべし。いやしくも敵の虜囚となり　恥を受くるなかれ」と、文字どおり抗戦と「戦陣訓」の遵守を命じているのです。

米軍が沖縄攻略を内外に宣言した翌二二日に、天皇は最高戦争指導会議のメンバーを宮中に招き、政府並びに大本営が外交的手段によって戦争を終結せしめるべく実際上の努力を求め、それに伴い和平交渉のため近衛文麿のモスクワ派遣が決定しました（ロバート・シャロッド、中野五郎編『記録写真太平洋戦争』参照）。これはあまりにも遅きに失した行動でしかなかったことは、言うまでもありません。そのために、沖縄では多くの無辜《むこ》の住民が軍の道連れにされてしまいました。

岡本太郎は、守備軍首脳の自刃《じじん》について論評し、「とことんまで叩きつぶされていながら大日本帝国の軍人精神の虚勢に自らを縛り、自分らのおかした惨澹たる無意味な破局を眺めながらついにさいごまで虚栄の中に反省もなく〝帝国軍人らしく〟自刃した。——彼個人がどんな立派な人格の持主だったか、それは知らない。だが、その軍部を象徴する暗いエゴイズム。——私は嫌悪に戦慄する。旧日本軍隊の救い難い愚劣さ、非人間性、その恥と屈辱がここにコンデンスされている。これはもっともっと叫ばれてよい問題だ」と述べています（『忘れられた日本』中央公論社　一九六一年一八頁）。

手厳しい批判ですが、まさに真実を衝いていると言えましょう。

【Ⅲ章―3　注】

①バックナー中将の降伏勧告状：米軍はこのメッセージを三個の鉄製の缶に入れて爆撃機から投下した。一個にはオリジナルと訳文、残りの二個にはそれぞれのコピーが入っていた。缶には目印として白と黄色の長いテープがつけてあり、缶の外側には、「守備軍司令官に届けるように」「守備軍司令官の命令なくしてあけてはならない」という警告文が記されていた。

②戦陣訓：一九四一年八月、当時の陸軍大臣、東條英機が軍人勅諭をより戦時化して示達した訓令。兵士たちが軍人としてとるべき行動規範を示した文書。その中で、「生きて虜囚の辱めを受けず」の一文を強調している。

Ⅳ章　沖縄決戦下の住民

【戦場の子どもたち】

亀甲墓の入り口で助けを待っているふたりの幼子。この亀甲墓があったのは、本島中部の激戦地、前線からわずか 150 メートルのところ。このあと米軍政要員に無事救助された（4月 23 日）。

1　沖縄戦における米軍政要員と一般住民

＊米軍の作戦をまったく読めなかった大本営

米軍は、沖縄攻略作戦（米軍はこの作戦を〈アイスバーグ作戦〉と称した）については、一九四三（昭和一八）年の五月ごろから具体的に研究を始めていました。つまり、日本軍より一か年以上も前から作戦を練っていたのです。と言うのは、沖縄守備軍の第三二軍が創設されたのは、翌四四年三月になってからだったのです。ちなみに連合国軍が沖縄を攻略目標の一つに決定したのは、一九四三年一一月に米・英・中三国首脳がエジプトの**カイロで会談**①した時でした。

もっとも、米軍部の総元締たる統合参謀本部は、その決定に先立って独自に作戦計画を練っていたのでした。そして翌四四年一〇月三日、米統合参謀本部は、当初、台湾を攻略した後に沖縄を攻める計画を立てていたのを、急に作戦を変更して米太平洋艦隊司令長官チャールズ・M・ニミッツ元帥に対し、「南西諸島を攻撃して二、三の拠点を確保せよ」と命じたのです。

ところが、日本軍の作戦総元締である大本営は、米軍のこの作戦変更については知る由もなく、前章でふれたように、その前日の一〇月二日に三個師団と一個旅団からなる沖縄守備軍から一個師団を引き抜いて台湾方面の防衛に充てることを決定し、同四四年末から翌年の初めころにかけて沖縄守備軍の中でも最精鋭と謳われた第九師団を、現地軍の強い反対を押し切って台湾へ配転してしまいました。要するに日本軍は、米軍に完全にウラをかかれた結果となったのです。

＊米軍、徹底的に沖縄の情勢を分析

南西諸島に複数の戦略拠点を確保するよう命じられたニミッツ元帥麾下《きか》の米軍主力の第一〇陸軍部隊は、命令を受けたその日から直ちに沖縄作戦についての幹部研修会を開いて、沖縄の実情についてあらゆる面から分析し始めました。

その報告書を見ると、「一九四〇年現在の沖縄の人口は四四万二四九七人で、一平方マイル当たりの人口密度はサイパン島の約二四三人に比べ約一〇〇〇人である」とか、「沖縄の人口の大半は、沖縄本島の南部地域に集中して居住していて同地域の人口密度は、一〇〇〇人よりもっと稠密《ちょうみつ》なことが予想される」とか、「沖縄は面積からすればグアム島の二倍程度にすぎないが、人口では二〇倍以上もある」といったことなどが記述されています。また沖縄には約六万五七〇〇人の人口をもつ那覇市と約一万七五〇〇人の人口の首里市（現那覇市首里）という二つの主要都市があることなどにも言及しています。

ちなみに一九四三年に米軍が沖縄戦の過程で住民の世話を見る軍政要員《ぐんせいよういん》たちのために作成した

『琉球列島の沖縄人―日本のマイノリティ・グループ』という文書は、沖縄人を日本人とは別の民族であるかのように書いています。すなわち同文書に、「原住民の特質」という項目があり、そこには「沖縄人は真の日本人ではない」と明記されていて、その根拠を次のように説明しています。

「沖縄は、一八七九（明治一二）年までは、文化的にも政治的にも中国と緊密な関係にあった半独立国であったが、一八七九年以降、日本が当該地域の住民に政治面でも教育面でも日本化を押し付けて日本の一部にした。しかし、沖縄の行政、教育、経済上の実権は全て本土からやってきた人びとが握っていて、本土他府県人は常に沖縄人を見下している。そのため地元住民は内心これら外来者たちに反発して非常に不満を抱いている」と。

同文書は、また、「沖縄作戦が展開される南西諸島地域の住民は、サイパン島やテニアン島の住民と酷似しているが、それというのも、サイパン島やテニアン島の住民はもともと南西諸島から移民した者かその子弟が多いからだ」と指摘しているほか、「攻撃目標の南西諸島住民は、零細な農民や漁民が多く、日本人より教育程度が低く生活レベルも低い」とか、「米軍が侵攻すれば彼らは日本軍のように命を賭してまで戦うことはしないだろうが、占領軍に対しても無関心を装うなどして協力する態度もとらないだろう」といったことも記述しています。

注目に値いするのは、この文書には、「南西諸島住民の間にいったい何人くらいの日本人がいるのか、まだ十分に確認されていないが、米軍の最初の攻撃の後、おそらく沖縄本島南部地域の住民は、北部の方へ避難しようと図るだろう。だが、日本軍は地元住民を米軍の攻撃を防ぐ盾に利用するため、住民が北部に疎開するのを許さないで南部一帯に踏み止まらせるにちがいない」と予見していることです。なぜなら沖縄戦が始まったとき、その予見が見事に的中した結果、一般住民の犠牲が正規の軍人の損害を大幅に上回ることになったからです。

また、同文書によると、「米統合参謀本部は、沖縄諸島に上陸後、通貨として当初は約三億円の軍票補助円を発行して、それを従来の法定通貨と同率で交換できるようにする」ことや、「軍票と米本国で使用されているドルとの交換比率については、未決定」といったことまで述べています。

それとは別に沖縄作戦に関する別の文書には、占領後の基地建設計画について言及しているほか、「沖縄作戦において軍需物資の補給について考慮する場合には、作戦地域には、およそ四〇万人の地元住民がいるので、彼らを救済するための食糧や医療器具などについても考えてやる必要がある」といったことも明らかにしています。

その上、「那覇と首里の主要都市の住民は、米軍の最初の攻撃で本島北部への避難が不可能となるだけでなく、その家屋もほとんど壊滅させられる見通しなので、両市の約八万三〇〇〇余人の市民のほとんどが米軍政府の保護下に置かれざるを得なくなるだろうから、軍政府当局は、三四万人ほどの住民の世話を見なければならなくなる」と、軍政要員たちにその対応策を指示しているほどです。しかも、「サイパン島で米軍政下に保護された住民は、衣類がなく誰もがボロをまとっていた経験に照らしても、沖縄作戦でもボロ着のままの者が多いと思われるので衛生的見地から住民が身につけている衣類は全て焼き捨て、代わりに新しい衣類を支給しなければならない」といったこ

保護された人びと。

とまで具体的に指示しています。

＊対住民対策、日本軍と米軍の違い

米軍が沖縄本島に上陸したときの軍政要員の数は、二三九人の将校と二四七五人の下士官兵の合計二七一四人で、その大部分は陸軍に所属していました。また、米軍政府が上陸する前に住民救済用に用意した物資も膨大な量でした。すなわち当初の物資だけでも約七〇〇〇トンの食糧、さらに一人一日当たり一・五ポンド（約六八〇グラム）の計算でおよそ三〇万人の三〇日分に相当する分量だったのです。

そのほか衣類についても、最小限一〇万人分を用意していました。その内訳は五万人分の男性用労働服とシャツ、それに五万人分の女性用のスラックスとスカートとなっていますが、さらに、一〇万人分の子ども服まで準備するほどの周到さでした。しかもそれとは別にマッチや石鹸、食器類も約一〇〇〇トンほど持ち込んできたほか、沖縄本島での戦闘状態が終わった段階でさらに七五〇トンほどの住民用物資を追加、補填《ほてん》したりもしていました。

あまつさえ米上陸部隊の一翼を担っていた米第七歩兵師団には、当初四つの軍政チームが配属されていましたが、これらの軍政要員たちは、沖縄本島に上陸すると直ちに民間人収容所を二つ設置しました。そのうちの一つには、上陸後、三日目に早くも二〇〇〇人の住民が収容されたほか、他の一つにも九七〇〇人が収容されたとのことです。ところで、これらの収容所では収容人員が一万五〇〇〇人を超すと、その管轄は島嶼司令部に引き継がれるようになっていました。そして米軍の上陸作戦から九〇日目には、全ての民間人は、島嶼司令部の管轄下に移される手筈《てはず》となっていました。

実際に地上戦が始まると、第七歩兵師団所属の軍政チームだけでも島嶼司令部へ引き継ぐまでに約五万人の民間人の世話を見たようですが、そのうちの一万二〇〇〇人は傷病者で、米軍政要員によって医療処置がなされたにもかかわらず、一一七人が死んだと記録されています。

では、沖縄の守備に当たっていた日本軍は、米軍のこのような沖縄作戦に較べ、どのような対応策を講じていたのでしょうか。

「**木戸口述書**」[2]によると、肝心の政府首脳は太平洋戦争の成行きについては非常に早い時期から暗い見通しを持っていました。とくにミッドウェーの海戦で日本海軍が壊滅的打撃を被ったことは、単に一海戦の失敗というより、それまでの連合艦隊に対する絶大な信頼を裏切る結果になったほか、無敵と言われた戦艦「大和」や「武蔵」など海軍の実力がどの程度のものかを露呈する形となりました。それだけに国民大衆に与えた負の影響は深刻でした。

しかし、日本軍部首脳は、こうした実情をまのあたりにしても希望的観測を捨てませんでした。そのため**木戸幸一**[3]らは、このままだと非常に危険だと考えて重光《しげみつ》葵《まもる》外相などと和平工作について緊密な連絡を取り合ったと、次のように記しています。

「昭和一九年六月二六日付私の日記に『三時半官舎に至り重光外相と戦争の見透しと外交につき

懇談す』とあり、この時は種々の報を綜合して話し合ったのでありますが、その結果　次の如き結論に到達したのであります。即ち『政府は動かず、軍は殆んど盲目的に唯戦争を推進して居るのみで、これ等の各方面に工作するも　所期の目的を達することは殆んど見込が無いのみならず万一機密の洩れる時は　軍は所謂《いわゆる》玉砕一本の方針となるやも知れず　従って、この方面からの工作は中々困難である』と」（「木戸口述書二六二」外務省『終戦史録』新聞月鑑社　一九五二年　五四頁）

このように日本軍は、現実に負けていてもそれを直視せずに、もっぱら玉砕覚悟の精神主義に頼って戦争を推進していたのですが、沖縄戦が始まるころは、すでに戦局は日本軍にとって極度に不利な状態になっていました。ちなみにその点と関連して、元軍人で戦後、『太平洋戦争陸戦概史』を著した林三郎は、一九四五年二月二日に大本営が「台湾の第一〇方面軍司令官・安藤利吉《あんどうりきち》中将に対し、台湾および沖縄方面に対する米軍の空海基地の推進を破摧《はさい》し、もって全般作戦の遂行を容易ならしむべし」との命令を下したことについてふれ、こう述べています。

「この命令は、沖縄作戦の性格を明らかにしている。いわゆる捷《しょう》二号作戦（台湾、沖縄方面での決戦）を命じたものではなく、全般作戦の遂行、いいかえると内地決戦の遂行を容易ならしめるため、米軍の空海基地の推進を破摧するのが作戦目的とされたのである」（林三郎『太平洋戦争陸戦概史』岩波書店　一九五一年　二二八頁）

彼はまた、「米快速機動艦隊は、三月二日、沖大東島《おきのだいとうじま》を砲撃し、次いで一八、一九の両日、九州の諸飛行場と呉《くれ》の日本艦隊を攻撃したが、これによって米軍の沖縄上陸は近しと大本営は判断した」

とも記録しています（同前）。

これから見ると、大本営は、米軍が沖縄へ上陸することについては事前に的確に判断していたことが分かります。にもかかわらず現地守備軍に対し、対住民施策を適切に考慮するようほとんどなんらの命令、もしくは指示もしていなかったのです。この点は、前に見た米軍の対住民対策とはきわだって対照的です。このように大本営が戦時中に非戦闘員のため、ほとんどなんらの具体的対策を講じなかった事実にこそ沖縄戦の特質が浮き彫りにされるわけですが、そこから戦争目的それ自体が問い返されずにはおきません。なぜなら政府や軍部は、「国民の生命・財産を守るために戦争をするのだ」と、常時説き続けていたのですから……。

【Ⅳ章―1　注】

①カイロ会談：一九四三(昭和一八)年一一月、ルーズベルト米国大統領、チャーチル英国首相、蒋介石中国総統の連合国三首脳がエジプトのカイロで会談を行い、対日戦の軍事協力と将来の領土について話し合い、カイロ宣言を発表した。

②木戸口述書：東京裁判に提出された木戸幸一の口述書。なお彼が残した日記（一九三〇～四八年）は、『木戸日記』（全三巻）として刊行され、当時の政治状況を知る上で貴重な記録として知られている。

③木戸幸一：政治家（一八八九～一九七七年）。一九四〇～四五年、内大臣（天皇の側近として宮中を所管する重職）。四一年に東條英機内閣の成立に尽力。敗戦後、Ａ級戦犯として東京裁判にかけられ、終身禁固刑を受ける（五八年赦免）。

2　行政当局の対住民施策

＊軍部言いなりの行政当局

行政当局の対住民施策は、どうなっていたのでしょうか。

戦時中、那覇警察署長の職にあった具志堅宗精は、沖縄戦の開始前あたりから沖縄は、沖縄守備軍によって「実質的な戒厳令下」に置かれたも同然であり、県当局はいかなる意味でも自主、主体的に事を運ぶことはできず、多くの場合、軍部の言いなりであった旨、証言しています。

したがって行政当局の第一義的任務も、住民の生命、財産を守るといったことより、守備軍の意向に沿って全ての住民の総力を結集して飛行場建設や陣地構築を行い、食糧や弾薬を運搬するための労役を提供することにありました。そして、戦局が悪化し、もはや守備軍は「玉砕」するしかない段階に至ると、非戦闘員の住民に軍人同様に武器をとって戦うことを要求、あげくの果て、いたずらに守備軍の死の道連れにしたのでした。

前述したとおり一九四四年一〇月一〇日、県都那覇市は、米艦載機の五次に及ぶ空襲で壊滅的打撃を受けたのですが、その後、泉《いずみ》守紀《しゅき》知事ら県幹部は、守備軍首脳と非戦闘員対策について何ら打ち合わせもしないまま普天間の自然洞窟壕に身を潜め、那覇に戻ろうとさえしませんでした。くわえて勝手に県の中頭《なかがみ》事務所に県の行政機能を移していました。その結果、県行政の停滞は免れませんでした。

しかも泉知事は、沖縄守備軍首脳との折り合いも悪く、元船舶参謀の馬淵新治《まぶちしんじ》の記録によると、「軍部の不当の圧力を排除する力もなく、却って一部に於ては軍の至上命令を曲解して、所謂虎の威をかりる心なき将兵の専断横暴な行動を見逃して、行政権にまで容喙《ようかい》させている」しまつでした（陸上自衛隊幹部学校『沖縄作戦における沖縄島民の行動に関する資料』未公刊文書　一九六〇年　二頁）。

そして彼は、一九四四年一二月に公用にかこつけて上京したまま二度と沖縄には戻らずに香川県知事に転勤したのです。すると、財政部長や内政部長ら他府県出身の県の首脳らも、口実を設けて日本本土へ避難する事態となりました。そのため、日本政府内務省は、後任知事の人選に際し、沖縄守備軍とも良好な関係を保持できるだけでなく、県当局なりのしっかりした行政をなし得る人物を起用すべく尽力せざるを得ませんでした。とりわけ新知事には、六〇万県民を率いて一糸乱れず戦争を完遂できる勇敢な人物を選考の基準にして選考に当たったとのことです。ちなみに沖縄守備軍の行政への介入との関連で前引の馬淵は、こう論じています。

「作戦第一主義たる軍の諸般の施策について、部外者がかく見ることは亦已《またや》むを得ないことであろう。然し、明瞭に高度の政治的才能を有する幕僚を配していたならば、かかる問題は惹起《じゃっき》していなかったであろう。国内戦においては、かかる政治的配慮が必要であり、少なくとも軍の要員には、行政に明るい人物を配するとともに、参謀副長クラスの人に政治行政に通ずる適任者を配置することが特に緊要であろう」

しかし、沖縄守備軍首脳には、そのような配慮は、みじんもありませんでした。

ともあれ、日本政府内務省は、沖縄県知事の選考を重大な人事案件として慎重に審議を重ねたので決定にずいぶん時間がかかったようですが、後任に大阪府内務部長の島田《しまだ》叡《あきら》を沖縄に派遣すべく決定しました。そして新知事が、嵐をはらむ沖縄に着任したのは、翌四五年一月三一日のことでした。したがって前任者の上京、離任から新知事が就任するまで、一か月余も県行政に空白が生じました。こうした事態が、戦時下における対住民政策の欠落を招いたり、停滞させるなどしたことは否めません。

いきおい沖縄の県行政が、根本的に戦時行政に切り換わったのは、島田知事が着任して間もない同年二月七日からのことでした。この日、沖縄守備軍の長参謀長は、部下の薬丸情報参謀を伴って県庁に島田知事を訪ね、緊急に召集された荒井警察部長以下七、八人の課長ら県幹部を前にして、「守備軍が大本営や各地から集めた情報を総合的に判断すれば、米軍の沖縄上陸は、二月一五日ごろになるものと予想される」と語るとともに、とくに県当局に対して次のように要請しました。

「県当局が緊急かつ最重要な課題として取り組まなければならないことは、住民用の食糧を確保することである。県民が守備軍の作戦に協力するうえでの重点もそこにある。戦う県民は、何をさておいてもまず自らの食糧を確保しなければならぬ。敵が上陸し、戦いが激しくなれば増産も輸送も完封され、県民の生命は、食糧によって脅かされるからだ」と（『沖縄新報』一九四五年一月二七日）。

その席で長参謀長は、「米軍は沖縄で半か年程は頑張るだろうが、その後はヘトヘトになり、一応戦線を撤退した上で再度上陸を企図することが考えられる。そのため住民は、六か月分の食糧を確保しておかなければならない」と付け加えたようです。この発言から明らかなとおり、沖縄守備軍首脳の戦局認識は、独善的な甘さがあったことは否定できません。

＊悪化の一途をたどる食糧難

Ⅰ章でふれたように、食糧を確保することの重要性については、一九三四（昭和九）年一月の段階で時の沖縄連隊区司令官・石井虎雄大佐が、陸軍次官宛に送付した「沖縄防備対策」という極秘電報でとくに強調したことでした。石井大佐の指摘を待つまでもなく、沖縄のような小さな島が戦場と化し、島外との交通が遮断されてしまうと、住民は、敵の攻撃を待つまでもなく食糧難から自滅する恐れがあることは、半ば常識だったからです。

とは言え、県当局には、守備軍首脳から一週間後には米軍の上陸が予想されると言われても、直ちに六か月分もの食糧を確保することは不可能でした。持ち合わせの食糧は、すでに守備軍への協力する証しとして供出していたからです。長参謀長も食糧確保の緊急性を強調はしたものの、その具体的な入手方法については、なんらの提示もなく黙したままでした。

それどころか、長参謀長は、守備軍はすでに六か月分の食糧を確保しているが、「敵が上陸し、食糧輸送が不可能な時になって、一般県民が餓死するから食糧をくれといったって、軍はこれに応ずるわけにはいかぬ。軍は戦争に勝つ重大な任務の遂行こそが使命であり、県民の生活を救うがために負けることは許されない」と公言してはばからなかったのです（『沖縄新報』一九四五年一月二七日）。

要するに守備軍首脳は、常日頃から「軍官民の共生共死の一体化の実現」を口にしながら住民に対する手当てはなく、したがって一般住民には軍との「共生」は望めず「共死」しかない実情だったのです。

そのような状況下で米軍は、沖縄上陸に先立ち硫黄島の攻略に向かったので、守備軍の予想に反して沖縄への上陸作戦は、一か月以上も遅れました。そこで県当局は、その間に必死になって食糧の確保に取り組まねばなりませんでした。赴任したばかりの島田知事は、四五年二月一一日、戦時行政への切り換えの措置として庁内に新たに食糧配給課と人口課を設置しました。そして配下職員を督励して食糧の確保に努めさせる一方、本島中・南部の老幼婦女子を北部に避難させる業務に専念させました。

食糧配給課は、生産物や食生活の統制を強化するかたわら蛋白《たんぱく》源となる畜牛の屠殺《とさつ》を厳禁し、町村役場には牛籍簿を備え付けて違反者は厳罰に処す措置をとるなどしました。しかし一般住民が米や芋、野菜だけを貯えても、食糧の自給態勢は不可能なので、その道の専門家たちを動員して海草や野生植物なども収集して食用化するなどして貯蔵させました。こうして県内のさまざまな野草類や海草類が決戦期食糧として活用されるようになりました。

しかし、そうした改良案にも限界があり、食糧難は、早くも米軍の上陸前から日一日と深刻な様相を呈するようになりましたが、米軍の上陸後からは食糧難は目に見えて悪化の一途を辿りました。あげく、やがて食糧の有無が人びとの生死の決め手となる事態に立ち至ったのです。

しかも食糧難をいちだんと深刻化させたのは、沖縄守備軍の作戦の不備と住民対策の欠落だったのです。

慶良間《けらま》諸島における特攻隊の作戦の失敗や非戦闘員のおぞましい「集団自決」（集団死）は、その一例に他なりません。

3　地元住民の「集団自決」と「スパイ事件」の要因

＊食糧難と慶良間の「集団自決」

よく知られているとおり、慶良間諸島では約七〇〇人もの住民が「集団自決」を決行しましたが、その主な理由の一つは、食糧難だったことは否めません。しかもその食糧難は、東京の大本営や現地守備軍の作戦の失敗に起因した面が大きかったと言ってもあながち過言ではありません。双方とも、当初に米軍が慶良間諸島へ上陸するとはまるで予想していなかったからです。米軍が沖縄本島周辺の離島に上陸するとしても、その上陸作戦は沖縄本島を攻略した後になると判断していたのです。

したがって沖縄守備軍は、米軍が沖縄本島西海岸の読谷《よみたん》辺りから上陸するのを想定してその背後から「特攻」攻撃をかける計画を立てて慶良間諸島の渡嘉敷《とかしき》島や座間味《ざまみ》島の海岸に、「マルレ」と称された約三〇〇隻の特攻用の舟艇を秘匿《ひとく》していました。

ところが米軍は、守備軍のこうした作戦の裏をかく形で、まず最初に慶良間諸島に上陸したのです。そのため、渡嘉敷島に潜んでいた海上挺進第三戦隊は、米軍の上陸とともに海岸線の洞穴に貯蔵していた約六か月分の食糧の大半を失うヘマをやらかしてしまいました。しかも作戦の失敗の影響は、単に食糧の損害だけにとどまらなかったのです。

資源に乏しい同島の住民は、米軍の上陸前から早くも食糧難にあえいでいましたが、米軍の上陸後は、同島の守備に当たる海上挺進隊が、食糧を焼失してしまったこともあって、従来以上に厳重な食糧統制をしき、一日一人当りマッチ箱一杯程度の米を配給するだけで、同島の一木一草といえども天皇の所有物だとして軍の許可なしに住民が取るのを固く禁じていたので、いつしか食物が皆無の事態に陥らざるを得なくなりました。

平和時には考えることもできない「集団自決」が決行された（米軍の説明では沖縄本島南部での砲撃による死とあるが、「集団自決」と見られる）。
慶良間諸島では、約700人の住民が、それまで教え込まれていた「軍民一体」の観念と軍による指示、それに「鬼畜」米英に捕らえられたさいの恐怖から、最愛の家族の命を自らの手で断つ「集団自決」に追い込まれた。

その結果、島の住民たちは、貝類は無論のこと、トカゲやヤモリなどに至るまでおよそ食えるものは、何でも食って辛うじて生命を保つ有様でした。

にもかかわらず渡嘉敷島守備隊は、同島住民に対し、保有食料の半分は軍に拠出せよと命じ、「違反者は銃殺に処す」と脅迫するしまつでした。こうして住民が大事にとっておいたなけなしの食糧を強制的に徴発しただけでなく、住民私有の家畜の屠殺を禁じ、違反者は実際に厳罰に処したりしました（儀同保『慶良間戦記』叢文社　一九八〇年　一五八～一五九頁）。

その上、同島守備隊の厳命で、住

民は食物もなければ捕虜になるのも許されないとあっては、生きる術《すべ》もなく、絶望のあまり親、兄弟、姉妹、あるいは親戚、知人友人同士が互いに手を取り合って「集団自決」を遂げるしかなかったのです。

＊守備軍の住民への不信感とスパイ疑惑

沖縄守備軍の対住民施策の欠落どころか、戦場におけるこうした冷酷な仕打ちは、食糧問題に象徴的に示されていましたが、それと同時に今一つ、守備軍将兵の地元住民に対する抜き難い不信感と猜疑心《さいぎしん》の強さを指摘しないわけにはいきません。と言うのは、実はこの点にこそ、沖縄戦のもっとも陰惨な特質があると思われるからです。ちなみに多くの無垢な心の住民がスパイの嫌疑を受け、なんらの証拠もなしに殺りくされた主要因もこの点と不可分にかかわっていたからです。

守備軍将兵の地元住民に対する露骨な不信感については、多くの人が記録していますが、戦時中、県庁で人口課長を努め守備軍の対住民施策のありようを身を以て体験した浦崎《うらさき》純《じゅん》は、次のように語っています。

「六月に入ってからのことであるが、真壁《まかべ》村の壕にあった某大尉は、この壕内にいた沖縄県庁の佐藤耕地課長に、鉛筆の走り書きで書いた文書を示して協力を求めていた。その協力依頼とは、数十名の女スパイが島尻《しまじり》戦線に潜入した。スパイはいずれも妙齢の婦人であり、小さい鏡と赤いハンカチを持ち、陰部の毛がそり落としてあるというのだ。この種のスパイを逮捕するよう部隊から連絡があったから県庁もこれに協力してほしいというのだ」（浦崎純「第二次世界大戦と沖縄」『沖縄大観』沖縄朝日新聞社　一九五三年　二八〇頁）

浦崎によれば、沖縄人がスパイだという根も葉もない悪宣伝は、下級兵士たちの無責任な放言ばかりでなく、沖縄守備軍司令部から公式に島田知事へ通達されたことであり、それを受けて県庁の地下壕内で開かれた部課長会議でも取り上げられたとのことです。とくに米軍が最初に上陸した中頭地区では、やれ宜野湾村長の某氏が敵軍の案内役をつとめているとか、女教員がダンスホールで米兵たちのサービスに当たっているとか、といった風説がまことしやかに流されていたのです。

そのため県庁の部課長会議に出席するため中頭郡地方事務所から敵中を突破して会議に参加した伊芸徳一所長は、この種の噂がまったくの作り話でしかないことを皆の前で証言し、沖縄の人びとをことさらに陥れんとするかのような守備軍将兵の言説に涙を流して抗議するとともに、中頭地区住民が軍に協力する真実の姿を島田知事に報告したほどでした。

ちなみに沖縄人がスパイ活動をしているというデマは、敗戦後まで流布していて、デマを飛ばす一部軍人の中には、まるで敗戦の責任をなんの罪も科もない住民に転嫁するたくらみから、あえて沖縄人をスパイ視する無責任な放言をしたようです。

つまり守備軍将兵は全力を尽くして戦ったけれど地元住民が敵側に走ったがために戦闘に敗けたというわけです。しかも、一部将兵のこのような心ない仕打ちは、日本本土に疎開していた沖縄出身者たちをも苦境に陥れたばかりでなく、沖縄の人びとの国民的自負心をもいたく傷つけたとして、前引の浦崎は、こう語っています。

「日本の運命を決定する戦略的地位におかれた沖縄だけに、沖縄でなされた軍事施設が、沖縄人の犠牲によってなされたことは軍部がよく知っている筈であり、従順で勤勉な民だけに、軍への協力は量的にも時間的にも日本国民中最大最高の努力をしてきたのであった。特に増産、供出、貯蓄等に戦力増強への国民負担を全国民同様にした上に、兵隊を安全に護るための防空壕や陣地工作その他防衛態勢を完成するための一切の軍施設は住民が夜も昼も一切の私事を放棄して涙ぐましいまでに協力してできたのであった」

「この協力、この奉仕、この犠牲に対する軍の沖縄住民への返礼が、沖縄人をスパイ扱いにしたことによってなされた事実を見るとき、沖縄人は泣くに泣かれない立場に追い込まれたのである。それればかりではない。本土防衛の前進基地として沖縄がその役割を背負わされたために沖縄上陸作戦がなされ、それ故にあれだけの住民が余儀なき犠牲を払わされたばかりでなく平和の島……が、世界史上最大の戦禍によって崩壊したのではないか」(前掲書　二八一頁)

以上のような見方、考え方は、多かれ少なかれ沖縄戦で辛うじて戦火を生き延びた地元の人たちに共有のものであり、これは浦崎が生存者たちの無念の想いを卒直に代弁したものと言えます。

戦時中、沖縄人がスパイを働いたとの風説については、沖縄守備軍作戦参謀の八原博通大佐も、自著の『沖縄決戦』でこう言及しています。「〝沖縄人スパイ〟説については幾度となく耳にし、実際に処刑された住民がいたことも知っているが、一度としてその証拠があがったためしはなかった」

と。

＊沖縄人スパイ説はなぜ流布したか

いまわしい〝沖縄人＝総スパイ〟説が、根拠もなしに繰り返し流布したのはなぜでしょうか。その原因は、おそらくいくつかあるでしょうが、一つには、守備軍将兵の中には、沖縄を日本の一部とは考えずにあたかも国外の植民地同様に見ていて、彼らはそこの住民をまるで異人種並みに錯覚してそれなりに処遇しているのです。つまり、異国人に対する猜疑心《さいぎしん》をそのまま同国民の沖縄住民に移し変えているのです。そのような思考、行動様式が、極限状況下の戦場で地元住民に対する露骨な不信感となって噴き出したと思われるのです。

周知のとおり沖縄は、一八七九（明治一二）年の廃藩置県で日本の一県となるまでは、何百年もの間、本土他府県とは異なった歴史の歩みを辿りました。その結果、Ｉ章で論及したとおり、言葉や風俗、習慣も本土の日本人のそれとは異なっている上、一六〇九（慶長一四）年の「薩摩の琉球侵略」後に、薩摩が沖縄の人びとをことさらに異民族視させる政策をとったことなども重なって、誤解されるようになったわけです。

しかも、沖縄は、日本でも有数の移民県として、一八九七（明治三〇）年ごろから大正、昭和時代にかけて多数の移民を国外に送り出しました。その結果、沖縄には海外移民の子弟が多くいることも手伝って、日本政府や本土の人びとから沖縄出身者は異民族視されるばかりか、忠君愛国の念が乏しいと見なされ、蔑視されるようになりました。そうした歴史的背景が因となり果となって、いつしか軍部や警察にまで引きつがれて、根強い猜疑心を抱かせる結果となったのです。

戦前からのこうした悪しき傾向が災いして、戦時体制に移行すると、軍部の見方はいちだんと拡大、悪化しました。沖縄守備軍の初代軍司令官渡辺中将は、米軍が上陸する以前から「地元住民は軍と共に玉砕するのだ」と事ある毎に強調して回りましたが、彼の後任の牛島軍司令官も、赴任当初から県下の官民指導者たちに対し、非常事態に対処するには現地物資の活用をはかり、「一木一草といえども　これを戦力化せよ」、と命ずるとともに、「敵の来攻に方《あた》りては　軍の作戦を阻害せざるのみならず　戦力増強に寄与して郷土を防衛せしむる如く指導すべし」と述べたほか、とくに、「防諜《ぼうちょう》に厳に注意すべし」と訓示する有様でした（防衛庁防衛研修所戦史室『沖縄方面陸軍作戦』朝雲新聞社　一九六八年　八五頁）。

＊守備軍首脳たちの前歴と守備軍将兵のモラル

沖縄守備軍の最高首脳によるこうした要請を受け入れて登場したのが、秘密戦特務機関の「国士《こくし》隊《たい》」でした。国士隊の結成は、とりもなおさず守備軍の地元住民に対する異常なほどの不信感を示すものと言えますが、その背景には、今一つ看過できないことがありました。

それは沖縄守備軍の主力は、いずれも中国東北部もしくは中国戦線から配転になって沖縄にやって来たという事実です。つまり、沖縄守備軍将兵のほとんどが、外国の戦線で敵意に満ちた軍隊や民衆に囲まれて戦ってきた体験から、非戦闘員に対する警戒心が強く、それだけに防諜にはとくに神経を尖らせていたのです。

そのことは、沖縄戦で慶良間諸島の戦闘に参加し、戦後は自衛隊の教官をつとめた馬淵新治元陸将補が、いみじくも「日本は明治以来国外ばかりで戦争をしてきた。沖縄戦の悲劇は、外地ばかりで戦争をしてきた日本軍が、外地の戦場でやってきた慣習をそのまま国土戦（注：沖縄戦）に持ち込んだために起ったものだ」と、述懐した言説からも汲み取ることができます（『朝日新聞』一九七八年一二月二日）。

沖縄守備軍の長勇参謀長といえば、米軍が沖縄本島へ上陸して間もない五月五日に、旧首里城の地下の守備軍司令部から出された同日付の軍会報で、「軍人であろうと軍人でなかろうと標準語以外の使用を禁ず。沖縄語で談話する者は、間諜《かんちょう》として処分する」という命令を、自らの署名入りで交付しています。この命令は、日常的に方言を使っていた沖縄の人びと、とりわけ方言でしかできない高齢者の人びとにとって理解を越える理不尽なものでしたが、それも長参謀長自身が中国戦線で、作戦を練り戦闘を指揮していた事実に照らすと、ごく当然だったのかもしれません。

と言うのは他でもなく、中国戦線といえば、多くの人がすぐに**南京大虐殺**①を連想しますが、彼も南京攻略戦に牛島司令官とともに従軍していたからです。ちなみに沖縄守備軍の牛島司令官は、南京攻略戦では谷寿夫《たにひさお》中将が率いる第六師団配下の歩兵第三六旅団長として戦闘に参加していたのです。しかも両者は、じかに南京大虐殺事件と関わりをもっていたことが判明しています。

歴史学者の藤原彰は、田中隆吉《たなかりゅうきち》少将の『裁かれる歴史〈敗戦秘話〉』の、次のような記述を紹介しています（藤原彰『南京大虐殺』岩波書店　一九八五年　二〇頁）。

「事件当時上海派遣軍参謀（兼中支那方面軍参謀）だった長勇中佐が、三八年四月に田中に対し、約三〇万の中国兵捕虜を、『みな殺し』にすべしとの命令を、『何人にも無断で、軍司令官の名で配下の各部隊に無電で伝達した』と豪語した。これは長氏一流の大言壮語と思っていたが、あとで残虐行為の全貌を知り、そんな大量虐殺は軍隊の統制ある集団行為でなければできないから、長氏の言葉は真実であったと思いあたったというのである。捕虜三〇万の殺害というのはあまりにも誇大にすぎる数字だが、この本も敗戦直後に多く普及したので、大虐殺が行われたということを知らせる材料となった」

ところで、沖縄守備軍のモラルについて、戦後、沖縄住民の戦時中における動向を調査した前引の馬淵新治は、こう語っています。

「一九四四年一〇月一〇日の那覇大空襲で、守備軍があまりにもあっけなく県都を敵機の蹂躙《じゅうりん》に任せたことについて沖縄住民がその戦力に一種の不安感を抱いていたまさにそのとき、守備軍配下の心ない将兵たちが、市内の辻遊廓で日夜飲み騒ぐのを見せつけられて、住民が複雑な気持ちを抱いたのもむりはなかった」

「これから伸《の》るか反《そ》るかの国土決戦を行うため、軍国調一色に塗りつぶされたこの郷土沖縄がまるで外地同様植民地であって、あたかも外国軍隊が駐留しているのではないかとの錯覚さえ感じさせたと述懐する者もある。このことはたとえ軍の将兵には本土出身者が多く、明日の命がわからぬ戦場心理があったとしても、同じ同胞の住む沖縄県である以上、時と場合をよく考え、その私的行動にも十分介意すべきであったと思う………厳正な軍紀の維持が公私を問わず如何に住民指導上必要であるかを示す一事例であると思う」（陸上自衛隊幹部学校『沖縄作戦における沖縄島民の行動に関する資料』二四頁）

こうした実情に加えて沖縄戦では、基本的な作戦をめぐって大本営と現地軍との間に見解の対立があったり、陸軍と海軍との間にも戦略上の食い違いがあるなど、純作戦的見地からもいくつも問題が重なっていたのです。

＊県民の献身的な協力も報われず

沖縄戦における最大の問題は、戦況が悪化するにつれて軍民の間に埋め難いほどの大きな亀裂が生じたことでした。そのような事態に立ち至ったのも、住民側の責任というより、むしろ守備軍が地元住民を真の同胞、もしくは自国民とは見ていなかったことに起因した面が大きかったことは否めないように思われます。なぜかと言いますと、守備軍に対する地元住民の「滅私奉公」理念に基づく献身的な協力ぶりは、沖縄方面根拠地隊の大田実海軍少将が、沖縄戦の末期近くに小禄飛行場付近の洞窟陣地で自刃する前に東京の海軍次官宛に送った有名な電文が、次のように的確に述べているとおりだったからです。

「沖縄県民の実情に関しては　県知事より報告せらるべきも　県には既に通信力なく　三二軍司令部又通信の余力なしと認めらるるに付　本職　県知事の依頼を受けたるに非《あら》ざれども　現状を看過するに忍びず　之《これ》に代って緊急御通知申上ぐ　沖縄島に敵攻略を開始以来　陸海軍方面防衛戦闘に専念し　県民に関しては殆ど顧みるに暇（いとま）なかりき　然《しか》れども本職の知れる範囲に於ては　県民は青壮年の全部を防衛召集に捧げ　残る老幼婦女子のみが相次ぐ砲爆撃に家屋と財産の全部を焼却せられ　僅《わずか》に身を以て軍の作戦に差支《さしつかえ》なき場所の小防空壕に避難　尚砲爆撃下　？？？風雨に曝《さら》されつつ乏しき生活に甘じありたり　而《しか》も若き婦人は率先（そっせん）軍に身を捧げ　看護婦炊事婦はもとより砲弾運び挺身斬込隊すら申出るものあり　所詮《しょせん》敵来りなば老人子どもは殺さるべく　婦女子は後方に運び去られて毒牙に供せらるべしとて　親子生別れ娘を軍衛門に捨つる親あり　看護婦に至りては　軍移動に際し　衛生兵既に出発し身寄無き重傷者を助けて？？真面目にして一時の感情に馳せられたるものとは思われず　更に軍に於て作戦の大転換あるや　自給自足夜の中に遥に遠隔地方の住民地区を指定せられ　輸送力皆無の者黙々として雨中を移動するあり　之《これ》を要するに　陸海軍沖縄に進駐以来終始一貫勤労奉仕物資節約を強要せられて　御奉公《ごほうこう》の？を胸に抱きつつ遂に　（数字不明）ことなくして　本戦闘の末期と沖縄島は実情形？（数字不明）一木一草焦土と化せん、糧食六月一杯を支うるのみなりと謂《い》う　沖縄県民斯《か》く戦えり　県民に対し後世特別の御高配を賜らんことを」（カタカナをひらがなにし、現代かなづかいに直して引用。さらにルビをつけた）

大田実少将のこの「沖縄県民斯く戦えり、県民に対し後世特別の御高配を賜らんことを」との要請は、結果的にほとんどなんら適えられることもなく無に帰しましたが、その事実に沖縄戦の教訓―軍は民を守るものではない―が示されているとも言えます。

【Ⅳ章―3　注】

①**南京大虐殺**：日中戦争時の一九三七（昭和一二）年一二月一三日、日本軍が上海を占領した後、中国の当時の首都南京を攻略した際、女性や子どもを含む多くの中国人に対して行った虐殺事件。死者数については諸説があるが、中国政府は三〇万人以上としている。

4　沖縄戦の開始と終結

＊沖縄戦の開始日は

沖縄戦は、いつ始まり、いつ終わったかという点について明確にしておく必要があります。

一般に沖縄戦は、一九四五年四月一日に始まり、同年六月二三日に終結したと理解されているだけでなく、小・中・高校の教科書などにも一部の例外を除いては、そのように記述されているのが

沖縄へ向かって、太平洋上を進む米機動部隊。

ほとんどです。しかし、これは正確ではありません。理論上は、敵対する政府間相互で宣戦が布告されることによって戦争が始まり、一方が勝利を収めたあげく、敵味方双方の間で正式に降伏文書の調印がなされて終結するのが通常のありようです。もっともその間の個々の戦闘や作戦については、空襲の開始を戦闘の始まりと見るのか、それとも地上戦の開始をもって始まりとするのか議論の分かれるところです。

また終結についても、敗けた側の組織的抵抗が終結した時点を即戦争の終わりと見るのか、それとも正式の降伏調印をもって終わりとなすかは、必ずしも一様ではありません。こうした点を一応念頭に入れた上で沖縄戦について言いますと、米軍が上陸し地上戦闘が開始された時点を始まりとする一方、南西諸島守備軍の日本軍代表が米軍主力の第一〇陸軍司令官との間で降伏文書の調印を終えた時点を終結と見るのが妥当と思われます。そのことは、単に見方の問題という以上に、言うなれば沖縄戦の本質とかかわる重要な歴史史実の採否を左右することにつながると思われるからです。

つまり、沖縄戦の開始を教科書に記述されているとおりに一九四五年四月一日とすると、それは米軍の沖縄本島への上陸作戦の開始を意味します。実はそれ以前に米軍は慶良間諸島に上陸して約一週間に及ぶ戦闘がありましたが、その過程で約七〇〇人ほどの住民が「集団自決」に追い込まれています。沖縄戦の開始を四月一日とするとこの重要な歴史史実が完全に抜け落ちてしまい、そこで発生した沖縄戦を特色づける一大事件を闇に葬ることになります。すなわち同諸島では、守備軍将兵の直接・間接の強制によって多数の住民が「集団自決」を決行したのですが、それが沖縄戦史から完全に消えてしまうことになります。

しかも、今一つ重要な歴史史実も消滅してしまいます。すなわち米軍は、三月二六日に慶良間諸島の座間味島に上陸するやいなや、直ちに「米国海軍軍政府布告第一号」を民家から畳を持ち出してそれに貼布して広場に立て掛けて公布しました。これは、太平洋区域司令長官兼南西諸島及びその近海軍政府総長チェスター・W・ニミッツ元帥の名でなされたので、通称「ニミッツ布告」として知られています。

同布告は南西諸島における日本の行政権及び司法権を直ちに停止して、同地域及び近海住民を米軍の占領下に置く旨を宣言しました。これは、沖縄を日本から分離したという意味できわめて重要

座間味村役場の入り口に貼り出された米国海軍軍政府布告第１号に見入る住民たち。この布告によって、この地域における日本帝国政府の全ての行政権、司法権が停止された。米太平洋艦隊司令長官兼南西諸島軍政府長官ニミッツ元帥の名前で出されたため「ニミッツ布告」と呼ばれた（1945年３月26日　座間味島）。

な歴史史実ですが、沖縄戦の開始を四月一日とするとこの重大な史実も排除される結果になります。

したがって沖縄戦の開始は、米軍が慶良間諸島へ上陸した三月二六日とするのが適切だと考えます。

＊沖縄戦の終結日は

沖縄戦の終結を一九四五年の六月二三日とするのは妥当でない、と言うのもほぼ同様の理由からです。六月二三日は、沖縄守備軍の牛島満司令官と長勇参謀長が自刃したのに伴い、守備軍の組織的抵抗が止んだ日として知られていますが、これも事実に反します。沖縄守備軍首脳が自決した日は、二三日でなく二二日でした。この日以後、沖縄守備軍の組織的抵抗は止みましたが、散発的とはいえ、まだあちこちで戦闘は続いていました。ちなみに米軍が久米島へ上陸作戦を実施したのは守備軍首脳の自刃から四日後の六月二六日のことです。

久米島では、沖縄戦の渦中でも最も陰惨で沖縄の**ソンミ事件**①と称される住民殺害事件が発生しています。同島の日本軍海軍通信隊が地元住民にスパイの汚名を着せ二〇人を虐殺した他、ほぼ同数近くの守備軍兵士をも殺りくした事件です。もし沖縄戦の終結を六月二三日とすると、この象徴的〝久米島事件〟も、沖縄戦の歴史から抹殺されてしまい、重要な歴史的史実が歪曲されることになり、不都合のそしりを免れません。

ちなみに沖縄守備軍の組織的抵抗が止んでから二か月後、沖縄本島南部の国吉《くによし》の洞窟陣地には、第二四師団所属の第三二連隊（連隊長・北郷格郎《ほんごうかくろう》大佐）の将兵約四〇〇人が完全武装のまま健在でした。この連隊の将兵が、米軍の降伏勧告に応じて一〇〇人余の地元住民を帯同して集団で投降したのは、八月二七日になってからのことです。一方、慶良間諸島の守備隊（海上挺進第二戦隊及び同第三戦隊）の将兵が集団で投降したのも、八月二三日から二四日にかけてでした。その上、久米島の四〇人余の守備隊が降伏したのも、それよりさらに遅れて九月七日のことでした。

しかし、より重要なのは、米極東軍司令官マッカーサー元帥が麾下の第一〇軍司令官ジョセフ・スチルウェル大将に対し、南西諸島日本守備軍の無条件降伏を受諾させよと命じたのは、八月二六

降伏調印式が行われている嘉手納の米第 10 軍司令部。日本政府のポツダム宣言受諾（8 月 14 日）に遅れること 23 日のこの日、沖縄戦は公式に終わりを告げた（1945 年 9 月 7 日）。

日のことでした。

　これを受けてスチルウェル大将が南西諸島各地に散在する日本軍に降伏を勧告したのに伴い、第二八師団師団長納見敏郎中将が宮古島から、また高田利貞中将が奄美大島から陸軍代表として、同じく奄美大島から加藤唯男《かとうただお》少将が海軍を代表して嘉手納の第一〇軍司令部に出頭し、そこで米軍代表のスチルウェル大将との間で六通の降伏文書に署名して正式に降伏したのは同年九月七日でした。

　したがってアメリカの著名な戦史家ビーニス・M・フランクは、『沖縄―陸・海・空の血戦』の中で、適切にも、「沖縄戦の物語の最後の場面は、一九四五年九月七日であった」と述べています（加登川幸太郎訳　サンケイ新聞出版局　一九七一年二一一頁)。

このような史実に基づいて沖縄戦の終結は、一九四五年九月七日とするのが妥当と言わねばなりません。

沖縄では六月二三日を「慰霊の日」と定め、毎年慰霊祭を実施していますが、実は一九六〇年まででは、六月二二日を「慰霊の日」として慰霊祭を行っていたのです。それを一部の人たちが二三日に替えさせて今日に至っていますが、二二日の方が正しいのです。

【Ⅳ章―4　注】

①ソンミ事件：ベトナム戦争中の一九六八（昭和四三）年三月一六日、南ベトナムに展開する米軍の一小隊が、南ベトナム・クアンガイ省ソン・ティン県にあるソンミ村を襲撃し、無抵抗の村民五〇四人を無差別に射撃し虐殺した事件。

5　沖縄戦の特質とは何か

＊無謀極まる戦闘

沖縄史上、最大の悲劇として知られる沖縄戦は、いったいどのような特質を持っていたのでしょうか。次にその内実を見てみましょう。

沖縄戦に従軍したアメリカの有名な軍事評論家で、『ニューヨーク・タイムズ』従軍記者のハンセン・W・ボールドウィンは、「沖縄戦は、醜さの極致だ。そう表現する以外にこれをどう説明しようもない。その規模において、その範囲の広さにおいて、その激烈さにおいて、かの英本土航空決戦すら顔色なからしめる（後略）」と書き残しています。

沖縄戦については、日本の著名な戦史家・伊藤正徳《いとうまさのり》も、他の戦闘とは異なる三つの特徴があったと語っています。すなわち一つは、日本の領土内における初の陸上戦闘であったこと。二つには、一般市民が直接に戦闘に参加したこと。三つ目は、日本軍の航空総攻撃が大規模の「特攻」を中心として敢行されたこと。

伊藤は硫黄島の戦闘も日本の領土内における陸上戦ではあったが、そこには住民はいなかったのに反し、沖縄戦では県外へ疎開した後もなお数十万人の市民が残っていて、一五万人強の多数が戦禍の犠牲になったことをとくに強調しています。

一方、陸上自衛隊幹部学校の公式記録は、沖縄作戦の主要な特色（性格）として次のような点を指摘しています。

イ　第二次大戦の最終段階における作戦――日米両軍とも従来の戦訓を最大限に総合、ただし日本軍としては既に戦争遂行能力の大半を失い、かつ海上部隊の潰滅後に行われた作戦。

ロ　本土の攻防を前にした強力な戦略的前進陣地隊の戦闘であるが、わが国にとっては元寇（げんこう）以来の国土作戦であり、数十万の国民を抱いて戦った唯一の国内戦。

ハ　離島における航空基地の争奪をめぐる対上陸作戦で、日本軍は最大の航空兵力（主として特攻）を投入したが、陸上作戦を直接支援し得ず、かつ陸上においては、いわゆる対上陸防御戦争を実施せず。

ニ　大東亜戦争において、日米両軍の陸上大部隊が四つに組んだ好個の戦例（特に連合軍の反攻に対し、日本軍として有力な軍砲兵を組織的に使用し得た唯一の作戦）―ただし空・海及び後方の支援のない地上軍（日本軍）と、絶大な空・海軍に直接支援された地上軍（米軍）との作戦（陸上自衛隊幹部学校『沖縄戦史研究観察の参考』一九六〇年　一一頁）。

たしかに以上のような諸点は、沖縄戦に関する多くの記録がほぼ異口同音に言及していることです。しかし沖縄戦の特徴は、そうしたこと以上に、むしろ戦闘の過程ではからずも露呈した日本政府・大本営（中央）と現地軍との作戦をめぐる対立や、中央政府と辺境県の沖縄との間にかもし出された対応関係のいびつさとか、沖縄という内国植民地的特定地域の政治・経済・文化的諸条件が、守備軍の作戦遂行との絡みで、半ば不可避的に現出せしめた数種のおぞましい事件こそが、沖縄戦の最大の特色としなければならないと思います。

その観点からすれば、最初に指摘しなければならないことは、沖縄戦がいかに無謀な戦闘であったかということです。沖縄戦が「無謀な戦争」だったと言うのは、兵員の数からいっても、武器・弾薬・軍需物資の点で見ても、米英連合軍と守備軍の戦力比は、比較にもならぬほど敵連合軍の方が強大であったからです。

連合軍は、一五〇〇隻の艦船に沖縄の総人口（約四三万）をはるかに上回る五四万八〇〇〇人もの大軍（後方支援部隊を含む）を擁して攻め寄せたのです。その巨大な敵軍に対し、守備軍の兵力は、地元から動員した防衛隊や義勇隊、学生隊員などを合わせても一一万人そこそこでしかありませんでした。ですから米軍の一従軍記者が、いみじくも沖縄戦は、「生きるために戦うもの（連合軍）と死ぬために戦うもの（日本軍）との一大決戦」と報じたほどでした。

しかし、「まったく勝ち目のない無謀な戦闘」だったと言うのは、単に兵員や軍需物資の多寡の問題ではなく、それ以上に深刻な未解決な問題を抱えたまま戦闘に突入したことでした。これまで述べたように沖縄戦の基本的な作戦計画をめぐって、当初から大本営と現地守備軍との考え方が食い違っていただけでなく、作戦遂行の方法においても、陸軍と海軍との戦略が対立したまま戦争を開始した実情を指摘しないわけにはいきません。

このように作戦の最も基本的な点で大本営と現地軍、あるいは協力が不可欠な陸海軍の戦術が平行線のまま戦闘に突入したのでは勝てる道理はなく、したがって「この上なく無謀」と言うよりほかなかったのです。

先にふれたように大本営は、現地沖縄守備軍の強烈な反対を押し切って、米軍上陸直前に守備軍の中から最精鋭部隊の第九師団を抽出して、台湾へ配備しました。その結果、現地守備軍は、いくどとなく当初の作戦計画を変更せざるを得なくなり、大本営や上級機関の第一〇方面軍の強い意向を無視して、当初から北・中飛行場の確保を断念したりしたのです。

＊住民、学生を戦場に投入

そのあげく、首里一帯の地下壕陣地を拠点に戦略持久作戦に固執するとともに、兵力不足を補うため急遽、地元から約二万五〇〇〇人の住民を防衛隊や義勇隊として動員、戦場に投入しました。それでも足りずに県下の一〇代の男女中等学校生徒たちまで駆り出したのです。

男子生徒たちは学校毎に鉄血勤皇隊《てっけつきんのうたい》を組織する一方、女子生徒たちは即席の訓練を受けただけで看護婦要員として野戦病院に送り込まれる有様でした。しかもいずれの場合も法的裏付けもないま

沖縄県下の男女学生戦没者数

（単位：人）

学校名	戦後の通称	動員数	動員中の戦死者数	その他の戦死者数	戦死者数の合計
沖縄師範学校男子部	師範鉄血勤皇隊	386	226	64	290
県立第一中学校	一中鉄血勤皇隊 一中通信隊	254	171	75	246
県立第二中学校	二中鉄血勤皇隊 二中通信隊	140	115	71	186
県立第三中学校	三中鉄血勤皇隊 三中通信隊	344	42	46	88
県立農林学校	農林鉄血勤皇隊	130	23	101	124
県立水産学校	水産鉄血勤皇隊 水産通信隊	48	31	27	58
県立工業学校	工業鉄血勤皇隊 工業通信隊	97	88	70	158
那覇市立商工学校	商工鉄血勤皇隊 商工通信隊	不明	114	43	157
私立開南中学校	開南鉄血勤皇隊 開南通信隊	不明	不明	不明	182
県立宮古中学校	宮古中鉄血勤皇隊	不明	0	0	0
県立八重山農学校	八重農鉄血勤皇隊	不明	0	0	0
県立八重山中学校	八重中鉄血勤皇隊	不明	0	0	0
男子合計		**1,399**	**810**	**497**	**1,489**
沖縄師範学校女子部	ひめゆり学徒隊	157	81	88	211
県立第一高等女学校		65	42		
県立第二高等女学校	白梅学徒隊	46	17	41	58
県立第三高等女学校	なごらん学徒隊	10	1	1	2
県立首里高等女学校	瑞泉学徒隊	61	33	22	55
私立昭和高等女学校	梯梧学徒隊	17	9	49	58
私立積徳高等女学校	積徳学徒隊	25	4	24	28
県立宮古高等女学校	宮古高女学徒隊	48	1	0	1
県立八重山高等女学校	八重山高女学徒隊	約60	1	0	1
県立八重山農学校	八重農女子学徒隊	16	0	0	0
女子合計		**505**	**189**	**225**	**414**
合計		**1,904**	**999**	**722**	**1,903**

※動員数については正確に把握できていない学校もあるが、戦死者数の合計は、各学校の同窓会からの報告に基づいている。また、その他の戦死者数には、学徒動員後除隊してから死亡した者や、召集されたり志願したりして現地部隊に入隊し死亡した者、避難中に亡くなった者を含む。（2006年6月1日「ひめゆり平和祈念資料館」資料より）

ま戦場に送り込まれたのです。ちなみに「義勇兵役法」（男子一五歳以上六〇歳まで、女子一七歳以上四〇歳までを徴兵とは別に戦闘員として服役させる）が公布されたのは、一九四五年六月二三日、つまり沖縄戦も末期近くになってからのことでした。

鉄血勤皇隊に編入された男子生徒は、県下の一二校から約一四〇〇人余もいたほか、看護婦要員として軍病院に投入された女子生徒の数も、約五〇〇人もいました。しかもそれらの男女学徒隊のうち、戦争で生き残れた者は、その半数にも足りませんでした。

ところで沖縄守備軍は、最精鋭部隊の第九師団を台湾に転出せしめられた後、作戦計画を変え、一時は軍主力を北部の山岳地帯に布陣させて、戦力持久作戦をとる計画も立てたこともありましたが、米軍が、山岳地帯に立てこもる沖縄守備軍を相手にせず一挙に沖縄本島南部を攻略し、そこを足場に「日本本土の死期を一挙に早める」ことになるのを恐れて、守備軍主力を首里と南部一帯に布陣させたのでした。

この戦略の転換にじかに関わった八原作戦参謀は、戦後になって「もし軍人の操典に死を名誉とし生を恥とする片意地な一条さえなかったら、守備軍将兵はためらわずに北部山岳地帯にこもって作戦を展開する案をとり、それによって沖縄の悲劇は回避されたかもしれない。だが、その理につくことを妨げたものは卑怯の名をおそれた武人の伝統に外ならない」と述懐しています（古川成美『死生の門』中央社　一九四九年　四六～四七頁）。

6 「捨て石」作戦の非情

＊中央も現地も分かっていた沖縄の〝玉砕〟

当初から勝ち目のない無謀な戦闘に突入したことに加え、当初から沖縄守備軍は「玉砕」の已《や》むなきに至るとの見方は、大本営でも沖縄現地でも共有されていました。牛島守備軍司令官の前任者・渡辺中将が、米軍の上陸前から各地の講演会などで軍民の「玉砕」を公然と示唆する発言をしていたことは前述したとおりですが（沖縄タイムス社編『鉄の暴風』朝日新聞社 一九五〇年 一一頁）、一方、彼の後任の牛島司令官は、沖縄への赴任に先立ち大本営を訪ねたところ、陸軍大臣と参謀総長から「過早《かそう》の玉砕」をするなと、とくに念を押されていたとのことです（陸上自衛隊幹部学校『沖縄作戦』上巻 一九八頁）。

一方、八原作戦参謀にしても米軍上陸の半年以上も前から、「来年の桜の花の咲く頃は、吾れ沖縄の島守りたらん」などと日記に記していたり（読売新聞社『昭和史の天皇Ｉ』 一九六七年 二七八頁）、端的に「沖縄戦は、戦闘開始数か月も前からすでに希望を失っていた」と語ったりもしていたよう

捕虜となった防衛隊。左から 75 歳、16 歳、15 歳。これが沖縄戦における防衛召集の実態でもある（6月 20 日）。

です。

八原作戦参謀の記録によると、米軍が上陸する直前、つまり一九四五年の初めごろ、スパイ養成学校として知られる東京の陸軍中野学校出身の将校が数人、首里の守備軍司令部を訪れ、「私どもは、沖縄戦に参加するのが任務ではない。沖縄戦が終わって、第三二軍が全滅した後から活動を始める。沖縄を占領した米軍の活動を偵知して東京に報告するのが任務である」と、公然と告げたとのことです。

それを聞いて牛島司令官や長参謀長らは、露骨に不快感を示したようですが、八原作戦参謀は怒りを押さえて、「それでは諸君は、われわれが玉砕するまで沖縄本島周辺の小さな離島にでも潜り込み、土地の娘さんと結婚でもして時期を待つがよいだろう」と皮肉まじりに言ったと自ら記録しているほどです。注目に値いするのは、八原作戦参謀の皮肉な発言が後に実行に移された事実です。すなわち、彼ら諜報部員たちは、その後、沖縄の各地に身を潜めて諜報活動に従事したようですが、その詳細は定かではありません。

沖縄守備軍の情報部も、陸軍中野学校の卒業生一一人を動員して伊平屋《いへや》島や八重山周辺の離島、久米島や渡名喜《となき》島などに「残置《ざんち》諜報員《ちょうほういん》」として配備して、それぞれの島の官民の言動を監視する諜報活動に当たらせました。これらの諜報員たちは偽名を使い身分を隠して地元の女性と結婚するなどして、小学校や青年学校教員などをつとめながら諜報活動に従事するようになりました。

彼ら諜報部員たちの活動の対象は、敵米兵ではなくてむしろ地元の一人ひとりの住民であったのです。戦争中何人かの住民がスパイの汚名を着せられて殺害されるに至ったのも、こうした残置諜報員の活動によるものが多く、それも「玉砕」覚悟の戦術との関連で発生したことは否めません。この問題も沖縄戦の一特徴とも言えます。

大本営が、沖縄戦の当初から沖縄の軍・官・民の「玉砕」を想定しながら戦闘に突入したことについては、いくつかの記録がありますが、その中の一つにこんなものもあります。

一九四五年四月二日、つまり米軍が沖縄本島に上陸して二日目に、東京では、政府と大本営との作戦連絡会議が行われました。そのさい小磯国昭《こいそくにあき》首相が沖縄戦の見通しを聞いて来たのに対し、大本営の宮崎第一作戦部長は、「結局、沖縄は米軍に占領され本土への来寇は必至」と答えたというものです。また、大本営は、海軍が沖縄での決戦を主張して連合艦隊を沖縄海域に出撃させた後も、本土防衛のため一人でも多くの兵力を温存したいとして、後続部隊の派遣を差し控えさせた事実も、「玉砕」を予測していたとする事実の一つと言えます。

そのことについて第五航空艦隊参謀長の横井俊幸《よこいとしゆき》少将は、「第五航空艦隊では、前々から後詰《ごづ》めの兵力を注ぎ込んで呉れるように強く要望していたのだが、（四月）一七日に至ってこの要望に反して、第一〇航空艦隊に対する宇垣長官の作戦指揮までも解かれてしまった。大本営はこの重大な時期に早くも沖縄に見切りをつけたのである」と語っているのです（『太平洋戦争の全貌』河出書房一九五六年　三〇一頁）。

大本営が沖縄作戦に見切りをつけたのと同じ日の一七日、『暗黒日記』で知られるジャーナリスト清沢《きよさわ》洌《きよし》（一八九〇～一九四五年）は、その日記にこう書いています。

「沖縄の戦争は、ほとんど絶望であるのは何人にも明瞭だが、新聞はまだ『神機』をいっている。無論、軍部の発表によるものだ。……誰も信じないことを書いているのが、ここ久しい間の日本の新聞だ」（清沢洌『暗黒日記Ⅲ』評論社　一九七六年　一五四頁）

これから明らかなとおり、大本営は、米軍が上陸する以前から事実上沖縄作戦を放棄する見解でいながら、その本音を隠して、ひたすら精神主義に基づく士気高揚の重要性を強調して、少数の守備軍で以て巨大な連合国軍を迎撃させたわけです。

さらに清沢は、四月二〇日付の日記には、「沖縄戦が景気がいいというので多方面で楽観説続出。

株もグッと高い。沖縄の敵が無条件降伏したという説を僕も聞き、同僚も聞いてきた。中には米国が講和を申し込んだというものがある。民衆がいかに無知であるかが分る。新聞を鵜呑《うの》みにしている証拠だ」と記しているほどです（前掲書　一六三頁）。

中央におけるこのような「捨て石」作戦計画の実情について、現地沖縄ではほとんど知る由もなく、絶望的な「玉砕」作戦に何ら顧慮《こりよ》することもなく盲従することで、いたずらに非戦闘員たる老幼婦女子の犠牲を増大させる結果となったのです。

V章　沖縄戦の教訓

【戦場の子どもたち】

戦場を収容所に向かう少年（6月19日）。

1　軍隊とは……

＊軍隊は軍隊を守る

沖縄戦の内実は、あまりにも多岐にわたり、かつ複雑で奥行が深いので、その全容を把握することは容易ではありません。しかし、これまで見てきたいくつかの事例を通して、〝戦無派〟と言われるまったく戦争を知らない世代の人たちでも、ある程度戦争とはいかなるものかという点については理解できたのではないかと思います。とは言っても、これまで見てきた沖縄戦の実態は、そのごく一部でしかありません。沖縄戦の体験者が一〇〇人いるとすれば、その数に比例する異なった様相の体験があると言われるほど、沖縄戦は多面的な内容を持っているのです。

つまり、沖縄戦における個々人の体験は、極めて限られたものでしかありません。それにもかかわらず、もしそれぞれの個々人の体験を踏まえ、生き生きとした人間的想像力を働かせ得るなら、ほぼその全容をとらえることはあながち不可能なことではないと思われます。少なくとも沖縄戦の教訓が何であるかを理解することは可能だと思います。

あらためて指摘するまでもなく、軍備は戦争を前提にして成り立っています。そう言うと、いや、軍備は外敵の攻撃を抑止するための自衛対策だと反論するむきもあります。しかし、過去の戦争は、ほとんど全て自衛の名目でなされてきた事実から判断して、そうした口実を鵜呑みにすることはできません。したがって、わたしたちは、軍備増強は、いったい誰のためになされるのか、誰から何をどう守るのか、沖縄戦の実体験を通して真剣に問い直してみる必要があります。

なぜなら沖縄戦は、単に戦争の実相がいかなるものであったかを赤裸々にして見せただけでなく、軍事力の増強が人びとの安全と平和、もしくは自由を保証してくれるどころか、結果的には破滅以外の何ものをももたらすものではないということを、余すところなく例証してくれたからです。ひとたび戦争が起きると、〈軍隊は、軍隊（軍事力）を守ろうとするだけで、けっして非戦闘員を守るのではない〉という事実を明示したのです。それこそが、わたしたちが沖縄戦で身をもって学ぶことのできた貴重な教訓です。

＊軍隊は非戦闘員を犠牲にする

今一つの教訓は、沖縄戦の過程で露呈した次の事実です。

軍隊は、「国民の生命、財産、ひいては自由主義体制を守る」と言われますが、実際には個々の国民一人ひとりの生命が守られるどころか、逆にあらゆる意味で犠牲にされてしまう真実が明らかにされたことです。つまり、軍隊の本質が何であるかを、わたしたちの目の前で実証して見せたのです。

そのことは、沖縄戦との関連で、作家の曽野綾子《そのあやこ》が、旧日本陸軍の『作戦用務令《さくせんようむれい》』の綱領にある「軍の主とする所は戦闘なり。故に百事皆戦闘を以て基準とすべし。而して戦闘一般の目的は敵を圧倒せん滅して迅速に戦捷《せんしょう》を獲得するに在り」を援用して、「軍は、軍事力を守るためのもので、そうでなければ軍ですらない」と述べていることにも端的に示されています（曽野綾子『ある神話の背景』文藝春秋　一九七三年　二四五〜二四六頁）。

『作戦用務令』というのは、旧日本陸軍の「師団以下の部隊」を指揮する一般将校に対する教令のことですが、それにはこう解説されています。

「我が国の兵学は神武《じんむ》以来の伝統をもち、戦国の鍛錬を受けて成長し、日清日露の両戦役によって体系づけられたものであるが、その間に孫子、クラウゼウィッツの戦争論、普仏戦争および第一次世界大戦の教訓から貴重な栄養を吸収し、昭和初期にいたって多くの軍事書に結晶した。作戦用務令はそのうちの世界的傑作だ」（大橋武夫『作戦用務令』　一九八二年　建帛社　〈まえがき〉参照）

軍事書の中でも「世界的傑作」と言われるこの『作戦用務令』には、個々人の生命の安全保護については謳われていません。その点は大いに注目に値いします。なぜなら戦争中の対住民政策の欠如こそが、沖縄戦で学び得た軍隊の本質をまごうことなく物語る貴重な教訓だからです。

＊軍隊は住民を信じない

現代の戦争は、国民を挙げての総力戦です。したがって戦争という極限状況下では、対敵戦闘で勝ち抜くためには職業軍人と、それを背後で支える非戦闘員の協力が不可欠の前提となります。言い換えますと、戦闘員と非戦闘員との相互信頼に基づく協力が、この上なく重要となるのです。ところが、沖縄戦で露呈したことは、まるでその逆でした。守備軍将兵の異常とも言える地元住民（非戦闘員）に対する不信感が露骨に表面化し、やがてそれが双方に根強い不信感をもたらす結果になりました。

前に見たことからも判然とするように、米軍が沖縄に上陸する前から戦争終結に至るまで、ほとんどの地元住民は、文字どおり全てを犠牲にして守備軍に協力を惜しみませんでした。それにもかかわらず、沖縄守備軍から信用されなかっただけでなく、スパイ視されて殺害された者が少なからずいたのです。その点は沖縄戦でもとくに目立つ苦い真実でした。

戦後になって、沖縄戦は、いったい何のための、誰から誰を守るための戦闘だったのか、と言う声が住民の間から期せずして湧き起こったのも、そうした事実に起因しています。

ちなみに沖縄住民が他府県出身の将兵や行政官からまるで信頼されていなかったのは、戦争前からの現象でした。一例をあげると、一九四三（昭和一八）年七月の知事事務引き継ぎ書類の特別高等警察課の機密文書には、こんなことが記述されています（カタカナをひらがなに直して引用）。

「大東亜戦争勃発後に於ける一億総力体制確立の国家的要請に刺戟せられ　最近に於ける各種社会運動も　一般県民の時局認識の昂揚を反映して　聖戦目的完遂に悖《もと》るが如き動向を認めず」

「本県には　相当数の左翼運動前歴者あるも　意識程度比較的低調なるとも　何れ一定の職業を有し　生活の安定を得居ることと相俟《あいま》って　極めて平静の様相を呈し　当面容疑言動を認めず」

しかし、こう述べながらも、けっして信頼しているわけではなかったのです。

一方、同文書中の「外事警察概況」を見ると、次のように記録されています。

「本県在留欧米人は　孰《いず》れも県人の妻となる者五名（内三名は本邦籍取得）及本県人の養子（男子）となれる者二名（内一名は本邦籍を取得　一名は無国籍）なり　之等の者は　孰れも学識浅く　諜報活動等為す虞《おそれ》なきも　大東亜戦争勃発後に於ける動静に関しては　厳重視察中なり」

「日本国籍を有せざる第二世は約一〇二名にして　之等は殆んど就学のため帰国せるものなるが　昭和一四年以来　日本国籍を取得する様《よう》慫慂《しょうよう》し来れるも　再渡航の場合を考慮し　遷延《せんえん》し居る者もありたるが　大東亜戦争勃発に依り再渡航不可能なる現況　並《ならびに》皇軍の大戦果に依り　従来日本の国力を過小評価し居りたる観念を是正し　日本への信頼を深め　国籍取得者激増するに至りたり」

同文書は、語をついで、「之等《これら》の日系外国人は　准《じゅん》外国人として　其動向査察を厳にすると共に指導に万全を期しつつあるが　目下の処　特異なる動向認められず」と、警戒心をあらわにしています。

さらに「海港警備に関する事項」には、こう記されています。

「本県は　大東亜戦争勃発と共に　南方に対する軍事的拠点として　其重要性倍加するに至りた

るが　阪神、鹿児島、台湾方面への連絡は　専ら海運に俟《ま》つ特種地域にありて　警備の手薄に乗じ不逞《ふてい》分子の潜入　並《ならびに》　諜報機関の跳梁《ちょうりょう》の危険増大しつつあるを以て　海港警備を厳にしつつあり」（沖縄県史料編集所『沖縄県史料　昭和十八年知事事務引継書類』近代1　一九七八年　沖縄県教育委員会　六〇七～六一二頁）

以上の記述が物語っているように、周囲を海に囲まれた一島嶼でしかない沖縄の自然条件が防諜対策を困難にさせているとして、軍部は必要以上に地元住民に対し猜疑心をかき立てていたのです。しかも戦局の悪化に伴い守備軍将兵の疑心暗鬼の念は募る一方で、はては戦場での苦戦をも住民の責任に帰す有様でした。

それればかりでなく、何の証拠もなしに住民が敵に内通したとして、裁判さえ省いて殺害する挙に出たのです。沖縄戦では、一説によると、守備軍将兵によっておよそ一〇〇〇人近くの住民がスパイを働いたという嫌疑で殺りくされたと記録されているほどです（住民の証言については、儀部景俊『沖縄戦―県民の証言』日本青年出版　一九七二年　一八五頁及び琉球政府編『沖縄縣史』9沖縄戦記録1各論編8　一九七一年　ならびに沖縄県教育委員会『沖縄縣史』10沖縄戦記録2各論編9　一九七四年を参照されたい。なお被害者の人数については、いまだ正確な数は確定していない）。

スパイと言えば、米軍の沖縄本島への上陸から九日目、首里の沖縄守備軍司令部は、日々の命令を示達する『軍会報』で命令を発し、当日から「軍人であろうと軍人でなかろうと日本語以外の言葉で以て話するのを禁ず。沖縄語を以て話する者は間諜（スパイ）として処分す」と厳重に取り締まる挙に出ました。しかも五月五日には長参謀長の署名入りで同じ命令が示達される念の入れようでした。つまり、戦争という極限状況下で地元沖縄の人びとが幼いころから馴染んできた方言を使うことさえ認めないほど、地元住民に対する不信感が強かった事実がはからずも露呈したわけです。

しかも一部の殺りく行為は、沖縄守備軍の組織的抵抗も止み、八月一五日の日本の無条件降伏後に実行されたのです。「久米島事件」として知られているのがそれで、同島に駐屯した海軍通信隊は、八月一八日に一家三人を惨殺したのに続いて、八月二〇日には、何と一歳二か月から一〇歳にかけての五人の幼児や児童に対してさえ、スパイとして両親と共に殺りくしたのです。

戦争のさなかに幼児にスパイなどといった大それたことができるわけはないのですが、一種の〝みせしめ〟としてあえて処刑したのです。この事件ほど沖縄戦の陰惨な内実を端的に示したものはありません。

2 指導者は民衆の信頼を裏切る

＊国士隊の結成とその役割

沖縄が戦場化したにもかかわらず、守備軍の対住民政策が欠落していたり、守備軍将兵が地元住民に対し疑心暗鬼でいる事態に、多くの地元住民は今更のように愕然としたのですが、そのこと以上に一般民衆が戦時中ショックを受けたのは、世の指導者たちの背信行為でした。

政界、官界、経済界の指導者をはじめ教育界の有力者たちは、平時から県下の民衆に対し、皇民化を促進するため事ある毎に叱咤激励をし続けていました。県の行政が、戦時行政へ移行するにつれて、いちだんと声を大にして〝命を捧げて国難に殉ぜよ〟とか〝天皇のため、国のため生命を捧げるのは、人間として最善最高の生き方だ〟などと説得して回ったのです。そのあげく、〝いかなる事態に陥っても絶対に捕虜になってはいけない〟と人びとを訓戒して余念がありませんでした。

ところが、いざ沖縄戦が始まると、多くの場合、誰よりも先に安全地帯に避難したり、真っ先に捕虜になったのは、日ごろ大言壮語していたこれら各界の指導者たちだったのです。彼らの多くは、教育もあり比較的に沖縄を取り巻く情勢の変化を見抜く洞察力もあっただけに、じかに危険が我が身に及びそうになると、それまでの大言壮語や説教とは裏腹に、いち早く身の安全策を講じたのでした。たとえば、公用にかこつけて県外へ脱出したり、東京などへ出張したまま二度と沖縄に戻らなかったり、いとも安易に捕虜になったりしたのです。

だが、何にもまして、世の指導者たちが一般民衆の信頼を裏切ったのは、米軍の沖縄上陸に先立って、彼らが「国《こく》士《し》隊《たい》」と称する秘密戦特務機関を結成したことでした。一九四五年一月下旬と言えば、敵の上陸は必至という緊迫した状況下にあり、守備軍司令部は、諜報対策に極度に神経を尖らせていました。

そんなとき、米軍は、まるで沖縄守備軍のそうした懸念を察知したかのように沖縄本島北部、国《くに》頭《がみ》郡の大宜味《おおぎみ》村や東《ひがし》村などに「君たちの指導者は嘘つきだ」といった見出しの宣伝ビラを三〇〇万枚ほど空からばら撒きました。

それには、東京の大本営報道部が、前年の一〇月一〇日の那覇大空襲の四日後に、ラジオを通じて「日本軍は台湾沖で米軍の艦船を一一隻も撃沈した」と報じたことに言及して、「これは真っ赤な嘘で本当は一隻も沈めることはできなかった。その証拠に、米軍の飛行機は毎日のように沖縄を空襲しているではないか。これらの飛行機は、沈められたはずの米航空母艦から飛び立ったものばかりだ」と書き連ねていました。むろんこうした宣伝ビラの撒布は、米軍側の対日心理作戦の一環に他なりませんが、住民にとっては毎日の日課のように繰り返される米軍の爆撃によって心理的な動揺はおおいがたいものがありました。

ちょうどそのようなさ中に、本島北部に布陣する球《たま》七〇七一部隊長は、四五年二月一四日付で第三二軍司令部の球一六一六部隊長宛に機密文書を送り、国頭支隊では、官民の指導者の中から三〇人ほどを選んで、「国士隊」と称する秘密機関を結成することを報告しています。

それによると、国士隊の任務は、秘密戦特務機関として「一般民衆に対する宣伝防諜の指導及び民情の把握並に最悪時に於ける諜報戦の活動を強化する」ことでした。

そして同年三月八日から一〇日にかけて、国頭郡翼賛壮年団内に三三人から成る「国士隊」という特務機関を極秘裏に設置したわけですが、そのメンバーには、医師や学校長、県会議員、市町村長、大政翼賛会の支部長といった人たち、つまり北部地区の各界指導者の中でも有力者たちがほぼ網羅されていました。彼らは、具体的に「六〇万県民の総力態勢へ移行を急速に推進し　軍官民共生共死の一体化を具現せしむる」責任を負わされていました。

これからも伺えるように、沖縄戦では当初から一般住民は守護の対象ではなくて沖縄守備軍と生死を共にすべく運命づけられたも同然でした。ちなみにそのことは、国士隊の任務をよりくわしく見ていくと、一段と明確になります。

国士隊は、戦況がしだいに悪化すると、もっぱら諜報対策と謀略活動にとりかかる手筈でした。諜報対策というのは、それぞれの諜報部員が担当する区域内で（親米的な）容疑人物を発見したり、（対米協力）容疑者の言動を監視したりするほか、反軍、反官的分子の有無を調べ、さらには外国からの帰朝者、特に二世や三世などに反軍・反官的言動をなす者がいないかどうか、また反戦、厭戦気運を醸成する者の有無などを秘かに調べあげて、現地守備軍情報部に密告することでした。

つまり、肝心の住民には何も知らせないままに設置された住民代表たちから成る国士隊の責務は、前線にあって対敵行動をするとか敵襲から住民を安全な場所に移すといったことではなくて、当の住民自体を監視し、もし住民の中にいささかでも反戦的言動をなす者が出たり、あるいは捕虜になって米軍と交流する者がいたりすれば、それらの名前を守備軍情報部に密告して摘発させる役割を担ったのです。

住民不信に基づくいかにも陰険なやり方ですが、驚かざるを得ないのは、このような諜報活動が、国士隊員のような、指導者として日常的に一般住民と接触する機会が多く、したがって住民一人ひとりの言動を容易に把握できる立場の人びとによってなされていた事実です。

もっとも住民にとって幸いだったのは、実際には、敵の侵攻が急速過ぎたので、彼らにはろくに活動するゆとりがなかったことです。そうでなければ、否応なしに戦火に巻きこまれた老幼婦女子の日常的な言動が、国士隊の手を経て、生死の権限さえ握っている守備軍情報部に筒抜けになり、未曾有の異常な事態が発生していたかも知れないのです。

＊国士隊もう一つの任務

一九四五年一月に陸軍省から出された『軍防諜参考資料』には、次のようなことが書かれています。「官民防諜組織は……各地区毎に其の地の憲兵、警察署長、駅長、町村長、在郷軍人分会長、其の他主要の団体の長等を網羅せる協議会式のものを設置し　部隊の要求を之に明示して　各組織に依り末端に徹底せしむべし」と。

前述の国士隊の編成や活動も、地元指導者たちが自主的に始めたのではなく、こうした中央からの指令に照応したものに違いありません。ですから、あながち沖縄の指導者たちが好き好んでこうした卑劣な諜報活動に乗り出したわけでもないのです。つまり、戦時下では軍命とあれば従うよりなく、いきおいこうした事態は日本国中どこででも起こり得ることなのです。

今一つ、国士隊の任務にはゲリラ戦も含まれていました。すなわち、敵陣地を破壊したり敵が貯蔵する糧秣、弾薬等を爆破することなどに加えて、「飲料水への毒物散布等による奇襲」といったことなどです。戦争では敵を倒すためには手段を選ばないわけですが、こうした対敵謀略活動は当然相手側にも同じく手段を選ばない反撃を起こさせずにはおきません。

米軍が慶良間諸島に上陸を開始する四五年三月に入ると、米艦載機はしばしば沖縄を爆撃するようになりましたが、沖縄守備軍司令部は、とくに住民に対し警告を発し、敵機は万年筆や時計を型どった爆発物を使用するほか毒物や細菌入りのお菓子なども投下するから、それらの品物を見つけたら手をふれずすぐに警察や軍に届け出るよう指示しました。

狭小な島嶼の戦争でこうした通達を出さなければならない事態は、とりもなおさず戦局が急激に悪化したことを意味するわけですから、せめてこの時点で、大本営や守備軍首脳はむろん県当局は、非戦闘員の安全対策について真剣に検討し対処すべきでした。

しかし、いずれも戦局の急迫に気を奪われてか、非戦闘員の救護についてはほとんど何らの対策も講じないまま、いたずらに成行きにまかせる始末でした。と言うより、当初から「軍官民の共生共死の一体化」があたかも不可避の前提であるかのように、老幼婦女子の非戦闘員を、戦場化が予見される地域に放置したまま敵軍の上陸を迎え、あげくは住民の多くを守備軍の「死出の道連れ」にしてしまったのです。

それればかりか、米軍が上陸する前は、敵の謀略作戦に引っかかって捕虜になる奴は「売国奴」であり「非国民」で県民の恥さらしだ、などと説教していた肝心の諜報部員たちが、いざ身に危険が迫ると、いとも安易に捕虜になる人びとも少なくありませんでした。

一方、日ごろから彼ら世の「指導者」たちの教えや宣伝を真に受けた老幼婦女子たちは、捕虜になるのを恐れ、砲爆撃下の戦場を逃げ迷ったばかりにみすみす命を落としてしまう者があとを絶たなかったのです。

このような戦争中の苦い経験に照らしてみても、常日ごろ、声高に軍備増強による「国防論」を唱導する人びと、とりわけ各界のリーダーたちが、ひとたび戦争になった場合、果たしてどのような態度をとるかは知れたものではありません。わが身の安全だけに汲々とするのはまだしも、平気で同胞を犠牲にして顧みない人びとが出てくることは避け得ません。

なぜならそれは、沖縄戦の教えるもっとも腹立たしい教訓の一つに他ならなかったからです。

＊戦争は人間を人間でなくしてしまう

沖縄守備軍は、老幼婦女子をいみじくも「非警備能力者」と規定していました。しかし、戦場では戦闘能力のない者ほどみじめな存在はなく、彼らは守護の対象となるどころか、どこへ行っても〝邪魔者〟扱いされるばかりでした。

そのことは、住民にとってみれば、「前門の虎、後門の狼」どおりに腹背から挟み討ちされるにも等しい状態でした。あまつさえ背後の狼は、たんに狂暴化した味方の兵隊だけではなくて身内の民間人指導者も加わっていたという事実は、一般住民が沖縄戦の過程で半ば絶望的な思いで学び知った忘れることのできない教訓です。

極限状況下におけるこのような信じかねる出来事こそが、実は住民の「集団自決」の一因ともなったのです。また数多くの陰惨な友軍による住民殺りく事件の引き金にもなったのです。ここでまともに直視する必要があるのは、結局、こうしたありようこそが戦争の戦争たる所以《ゆえん》にほかならない。言い換えると、戦争は人間を人間でなくしてしまうという事実に他なりません。

戦場にあっては、人は己れの生存をはかるためにはいとも安易に他人を犠牲にしてしまうのです。親が子を見殺しにすることもあれば、妻が夫を、兄が妹を見捨てて顧みないことだっていくらでもあり得るのです。つまり、平和時の倫理とか道徳、ひいては義務といったものは、戦争ではほとんど通用しないのです。

こうした恐るべき事態は、むろん沖縄の戦場だけに限られるものでなくて、ひろく世界中に、そして人類規模の戦争においても普遍的に見られる現象といっても過言ではありません。

3　弱者が一番過酷な運命に陥る

＊老人、子ども、女性は排除される

日本政府は、一九四四年七月七日にサイパン島の守備軍が「玉砕」したのに伴い、同日夜の閣議で「沖縄諸島の戦場化は必至」と見て沖縄、宮古、八重山、奄美、徳之島から約一〇万人の非戦闘員を県外へ疎開させることを決めました。本土他府県に約八万人を送り出す他、台湾にも約二万人を疎開させることにしたのです。むろん疎開できる者は〝非警備能力者〟と言われた老幼婦女子に限られていました。

疎開者の県外への輸送は、沖縄へ兵員や軍需物資を運んで来た軍の輸送船の帰り便を利用することになり、県庁や警察の音頭取りで疎開業務は開始されたものの、申し込み者は当初ほとんどが寄留商人を中心とする他県出身の家族たちばかりでした。それは、前年の五月以降、嘉義丸《かぎまる》とか湖南《こなん》丸のほか台中《たいちゅう》丸、富山《とやま》丸などが、沖縄と鹿児島間の海上で敵潜水艦によって沈没させられたことが半ば公然の秘密同様に伝わっていたので、途中の危険を案じて尻込みする人びとが多かったから

学童疎開船・対馬丸。

対馬丸を沈没させた米潜水艦・ボーフィン号。

です。その上、老幼婦女子にとっては、住み馴れた郷土を離れ肉親や親戚、知人などと別れて頼るべき当てもない未知の他県で生活していくには相当の決意が要ったのです。

　こうして人びとが逡巡《しゅんじゅん》している間に戦局は一段と緊迫するようになり、県庁では、何としても学童たちを集団で疎闘させねばという気運が高まり、その実施計画を具体化しました。「県下学童を安全地区に集団疎開し　戦時と雖《いえど》も少国民の教育運営に遺憾なきを期す」というのが集団疎開の狙いだとされましたが、それはあくまでタテマエでしかなく、ホンネは戦時下急激に悪化しつつあった「県内食糧事情の調節を図らんがため」、つまり〝口べらし〟というにあったことは、あらためて指摘するまでもありません。つまり、戦時下にあっては、戦闘に役立たない者は足手まといとして排除されずにはおかないのです。

こうして四四年八月一六日、疎開学童の第一陣一三一人が先発隊となって鹿児島へ上陸しました。三日後、第二陣の三九四人も無事に鹿児島へ到着したほか、同八月二三日には疎開者八〇〇〇人を乗せた船団が同じく鹿児島に入港しました。

ところが、八月二一日に那覇を出港した疎開船三隻（和浦丸《かずうらまる》、暁空丸《ぎょうくうまる》、対馬丸《つしままる》）のうち二隻は長崎に到着したものの、対馬丸は連絡を絶ったままでした。後に同船は航行途中悪石島《あくせきじま》の沖合で米潜水艦ボーフィン号によって撃沈されたことが判明しました。対馬丸には一般疎開者八三六人、学童八二五人と合わせて一六六一人が乗っていましたが、そのうち生存できたのはわずかに一般疎開者が一一八人と学童五九人だけでした。

戦後、旧軍部関係者の中には、県外疎開が順調にゆかなかったのは、沖縄の「島民性」、すなわち優柔不断であるとか、出生地の共同体社会への執着が強すぎるといった性格がわざわいしたのだと公言してはばからない者もいます。しかし、この対馬丸遭難事件が例証するとおり、疎開船の安全さえ確保できない状況下で老幼婦女子を県外へ送り出すことは、みすみす死地に追いやるにも等しく、人びとが尻込みするのも当然でした。

ともあれ、県外への疎開問題は、沖縄住民が沖縄戦から教わった今ひとつの教訓を明示しています。それは狭小な島国が戦場化すれば、そこの〝非警備能力者〟たちは、戦闘に役立たないという理由と口べらしの理由から、好むと好まざるとにかかわらず島外へ排除されかねないということです。したがって島人たちにとっては、島外に去るのも地獄、島内に残れば死を意味するということになります。

言い換えますと、ひとたび戦争ともなれば、真っ先に過酷な運命に陥るのはもっとも弱い立場の人びと、つまり戦闘能力のない老幼婦女子たちに他ならないのです。そのことを沖縄戦はあますことなく明証しました。

とりわけ未来を担う子どもたちの犠牲は、〝悲惨〟の一語に尽きます。未来に向けてあらゆる可能性を秘めたまま、幼子たちは人生のつぼみのまま花開くこともなく散ってしまったからです。しかも、そうした事態は対馬丸事件のように県外への疎開途上の災難に尽きるものではありませんでした。島内に残された子どもたちの運命もまさに無惨としか言いようのない冷酷無比なものでした。

＊戦場で犠牲になった子どもたちの実情

厚生省が一九六〇（昭和三五）年に沖縄戦で犠牲となった一四歳未満の子どもたち一万一四八三人の死因について調査した記録があります（実際の犠牲者の数は、これよりはるかに多いと見られています）。

これを次ページの**表1**に示されているとおり年代別に比べて見ますと、五歳以上の年代の者では、一三歳を例外に戦没者の数は平均して七〇〇人台にとどまっていますが、四歳、三歳、二歳は、いずれも一〇〇〇人を上回っており、一歳が九八九人、〇歳が一八一人となっています。

表1　14歳未満の戦没者の年代別区分

年齢	戦没者
13歳	1,074
12歳	757
11歳	696
10歳	715
9歳	697
8歳	748
7歳	767
6歳	733
5歳	846
4歳	1,009
3歳	1,027
2歳	1,244
1歳	989
0歳	181
計	11,483

では、これら一万一〇〇〇人余の幼子たちの死因の内訳を見ますと、**表2**に明示されているとおりです。ちなみにここで「壕提供」とあるのは、守備軍将兵によって壕を追い出されたための死を意味します。各種の死因の中でも自分たちで作った命と頼む避難壕を守備軍将兵が使用するために追い出されて死んだケースが圧倒的に多い事実は注目に値いします。と言うのは、戦場では非戦闘員は、決して保護の対象とはなり得ないことを如実に示しているからです。

その点は、次の「食糧提供」による死因からも判明します。つまり、守備軍将兵に食糧を奪われて餓死したことを意味するからです。

こうした事例から汲み取れるように、戦闘を第一義とする戦場では、「非警備能力者」である老幼婦女子は戦闘員からすれば邪魔者でしかなく、したがって味方の軍隊に生命の安全を保障してもらうどころか、軍隊の論理によって壕を追い出されたり食糧を奪われるなどして、死に追い込まれ

死　因	戦没者	死　因	戦没者
壕提供	10,101	陣地構築	85
炊事雑役救護	343	食糧提供	76
自　決	313	友軍よりの射殺	14
糧秣運搬	194	伝　令	5
四散部隊への協力	150	患者輸送	3
保護者とともに死亡	100	その他	10
弾薬運搬	89	計	11,483

表2　14歳未満の戦没者の死因別内訳

るケースも少なくないのです。軍隊の命令に従わないと射殺されるのを覚悟しなければならないのです。こうして非戦闘員たちは、前面の敵兵と背後の友軍に挾撃《きょうげき》される事態に陥る危険さえ免れないのです。

しかも、戦争の過酷な惨禍は単にそれだけにとどまりません。

幸いにして老幼婦女子たちが戦火を生き延び得たとしても、万一負傷でもしたらその一生はこの上なく惨めなものにならざるを得ません。たとえ砲弾で手足をもぎとられ、眼が見えなくなっても、非戦闘員の場合はろくな補償措置さえ得られないからです。そうした実情は、社会問題化した中国残留「日本人孤児」同様に、政府の不作為による無責任態勢が露骨に例示しているとおりです。台湾や韓国から強制的に連行され、戦場に投入されたあげく戦後は何らの補償もなく放置されてきた人びとの事例が物語っています。

沖縄戦の場合も、先に見た疎開船で犠牲になった学童たちにしても、戦場で負傷した六歳未満の子どもたちも、法令に適合しないとして十分な補償措置も受けずに戦後三〇年余も放置されたのです。

いきおい「非警備能力者」たちは、戦場で筆舌に尽くしがたいほどの惨禍を被るだけでなく、戦後になっても心身両面に戦禍をひきずったまま泣き寝入りを強いられる実情です。あまりにも冷酷な政府の態度に戦傷者たちがたまりかね、強力に運動をすすめた結果、辛うじていくばくかの補償措置が講じられるようになったものの、それだけではとうてい戦場の傷痕を癒すことはできないのです。

ところで、前引の**表2**の死因に「友軍よりの射殺」というのがあり、その被害者数は一四人と記されています。しかし、これは実数のごく一部でしかなく、「友軍」すなわち沖縄の守備に当たる日本軍による殺害事件は、確認されただけでも約四〇件もあり、犠牲者の数も約一〇〇〇人にも及ぶと記録されています。

そこで問題なのは、これらの友軍によるおぞましい殺りく事件が偶発的に起こったのでもなければ、敗戦で狂気になったせいでもないということです。前に見たとおり、地元の言葉で話せばスパイとして処分するといった具合に組織的、かつ公然たる行為だったのです。

実はこうした事態にこそ沖縄戦における数々の酸鼻《さんび》な事件が起きる要因であり、沖縄戦の特異性でもあるのです。しかもこの種の特異性は、一島嶼（島国）が戦場化すれば世界中のどこでも半ば必然的に発生せざるを得ない普遍性があります。したがって広く沖縄外の人びとも含め、これらの沖縄戦における事例を通して戦争の教訓を学ぶことが重要です。

4　沖縄戦最大の教訓

＊戦争は防がなければならない

沖縄戦の教訓とはいっても、その教訓の受け取り方は千差万別のようです。

元陸軍大学校教官の馬淵新治は、陸上自衛隊の沖縄戦図上研究会の講話で、沖縄戦における対住民政策の欠落についてふれ、「住民対策の不徹底は単に住民の犠牲を大にしたのみでなく、作戦上戦場における不統制な住民の行動が、軍の行動に掣肘《せいちゅう》を加えたことを思う時、将来の教訓としては、余りにも高価なものであったと言わねばなりません」と述べています。

海軍運輸総監部の参謀を兼務したこともある馬淵は、さらに、「国内戦における対住民政策は作戦遂行上の絶対要件」であったにもかかわらず、軍官民とも国内戦にまったく経験がなかったので、いずれも「これが遂行に努力をされたにも不拘《かかわらず》指導要領の不適、指導力の欠如、島民の協力の不足等によって万全を期し得られなかった」と記録しています。

「島民の協力の不足」という発言が具体的に何を指すのか定かではありません。しかし馬淵が語をついで、対住民政策の実施は至難なことだが、あらゆる手段を尽くしてその完璧を期することこそが「国内戦遂行上絶対不可欠の要請」だと論じているのを見ると、彼は沖縄戦を二度とあらしめてはいけないと言うのではなくて、次の戦争への教訓として役立てたいとする意図がうかがえ、これが軍人的発想かと今さらのように考えずにはおれません。

言うまでもなく今一度戦争があるとすれば、それは「核戦争」に他なりません。ですから、いかように住民対策に完全を期そうとも、およそ「無意味」に帰すことはあまりにも明白です。したがって沖縄戦の教訓を生かすというのであれば、次の戦争での住民対策の必要性を強調するといったことより、まず何よりも全力をあげて戦争を防止することではないでしょうか。それこそが、沖縄戦で人口の三分の一にも匹敵する住民が自らの血でもってあがなった尊い教訓だと思われるのです。

なぜなら、かりに万全の住民対策をとったとしても、広大な大陸の場合ならいざ知らず、一島嶼作戦においては、ひとたび戦争が始まると、島の住民は海上の危険を冒して他所へ避難し得るのならいざ知らず、結局は島自体が文字どおりの戦場と化す中で、否応もなく戦火に巻き込まれいたずらに砲弾の餌食となるよりないのです。

しかも核戦争では、地下壕を掘って避難したところで生存の保証は期しがたく、いきおい住民の安全対策の基本は何にもまして、あらゆる惨禍の根源たる当の戦争を防止する以外にはなく、それに失敗すればもはや〝万事休す〟ということになりかねません。しかも、それもひとたび戦争が始まってからでは遅すぎるのです。

5　民衆にとって軍備は無意味である

＊軍備増強がもたらすもの

戦争の教訓を生かすも殺すもひとえに一般民衆の自覚と行動にかかっているのですが、現実には貴重な教訓を認識さえし得ない者や、沖縄戦でじかに味わったはずの恐ろしい体験さえも利己的利害関係からあえて無視する人びとも少なくありません。過去との対話を怠ったり歴史の教訓を未来に生かす実践がなければ、よりよい生活を築くことはできません。にもかかわらず、いわゆる「戦中派」は、日常生活の安定を求めるあまり過去の戦争への追及もしないで、ともすれば戦争責任さえも曖昧にしがちです。

一方、戦争体験のない若い世代は、戦争の何たるかも知らないまま、日本の領土を確保し自由主義社会を守るためなどと称して、日米安保条約に基づき軍備の拡充強化を際限なく図る政府の政策を安易に支持する者が増えています。そうした人びとは、軍備の増強が自分自身にどのような惨禍をもたらすのか想像さえできないようです。

沖縄戦の教訓からすると、戦時体制へ移行すれば、いかなる方策を講じようと自由主義社会を守ることはとうていできないと言わざるを得ません。現代の戦争は国家の全てを動員しての総力戦であり、真っ先に統制を受けるのは自由主義社会体制に他ならないからです。経済にしても不可避的に計画的、統制的なものに変わるし、国家予算の圧倒的部分はひとえに軍事費に向けられ、自由主義経済体制はおろか自由主義生活様式は、即座に崩壊に追い込まれることは火を見るより明らかです。さらに軍隊の本質から言えば、個々人の生命・財産が守られることはあり得ないからです。

この問題に関して、第二次世界大戦時の日本の戦費について振り返ってみましょう。

一九三七（昭和一二）年に日中戦争が勃発すると、戦費は別枠とする「臨時軍事費特別会計法」が制定されました。この法律は敗戦の翌年まで存続しますが、この特別会計法を軸に日中戦争以後に支出された軍事費は、一般会計の臨時軍事費の加算分を含めると当時の金額にして総額七五五五八億八八七三万九〇〇〇円という巨額に達します。

これに一九三一（昭和六）年に起こった満州事変で消費した戦費一九億五〇七万二〇〇〇円と、日中戦争までの陸海軍兵備改善費の一三億三〇七八万三〇〇〇円を加えますと、「十五年戦争」の軍事費総計は、七五九一億二四五九万四〇〇〇円というとてつもない金額になります。

ちなみに軍事費を予算内に占める比率で見てみますと、日中戦争が始まった一九三七年度の軍事費の総歳出予算に占める比率は六九パーセントでしたが、沖縄戦が始まる前年の一九四四年度になりますと、その比率は八五・五パーセントにはねあがっています（冨永謙語「太平洋戦争決算報告」『昭和日本史5　太平洋戦争　後期』暁教育図書　一九七七年　一二三頁）。

次に、日本が太平洋戦争で無条件降伏をしたとき、日本はそれまでどれほどの人的損害を受け、またどれほどの残存軍隊を擁していたか見てみましょう。

まず人的損害については、陸軍約一八三万人、海軍約五七万人、合計約二四〇万人の軍人が戦没（戦死及び行方不明）したほか、戦傷病による廃疾者約一〇万人を出しています（その上、広島や長崎の犠牲者をふくめ一般市民の戦没者が約七〇万人います）。

次に、残存兵力については、国内に約四三四万人（うち正規部隊が二三四万人）、海外に約三五五万人（うち正規部隊が約三二〇万人）、合計約七八九万人（内訳は陸軍五四七万人、海軍二四二万人）が健在だと言われていました（前掲書　一一八頁）。

と言うことは、日本は八〇〇万人近くの巨大な軍隊を擁していながら無条件降伏に追い込まれたと言うわけです。軍備増強を鼓吹する人たちは、この事実をどのように見るのか不思議でなりません。

現在、日本には自衛隊員が約二二万五〇〇〇万人います（二〇一三年現在の現員）。軍備によって日本を防衛するという人びとは、いったいその数をいくらにすれば安心できると言うのでしょうか。もし戦前のレベルまで増やしたいと言うのであれば、むろん徴兵制度を施行しなければなりませんが、周知のとおり日本国憲法はそれを禁じています。たとえ適法だとしても、そうすることは、太平洋戦争で日本が近隣諸国民に与えた加害を忘れ、世界唯一の被爆国として自ら体験した惨禍の教訓を忘れ去ったことを実証しています。

＊過去の教訓をどのように生かしていくか

ドイツのワイツゼッカー大統領（在任一九八四～一九九四年）は、一九八五年五月、自国が敗戦四〇周年の節目になるに当たって、とくに自国のナチズムが四〇年前に国の内外で犯した犯罪の数々を具体的に列挙した上で、「過去に目を閉じるものは、現在に対しても盲目である。あの非人間性を思い出すことを拒むものはだれであれ、新しい伝染病にかかりやすい」と、過去の記憶を大事にすべきことを説いています（リヒアルト・ワイツゼッカー「終戦記念日に寄せて」『月刊社会党』一九八五年一〇月号　六三頁）。

「新しい伝染病」というのは、軍備増強による防衛論の横行を指し、第二次世界大戦後の非戦の誓いを忘却した事態を意味しています。現在の日本を見ると、まさしくこうした「新しい伝染病」に汚染されていると言っても過言ではありません。

評論家で日本の良識を代表すると言われていた加藤《かとう》周一《しゅういち》（一九一九～二〇〇八年）は、日本の防衛費が一パーセントを突破した一九八五年、軍拡一点張りの日本の憂うべき現状を批判し、「一九四五年の夏は、軍国日本の終わり、反軍国主義的な日本の始まりとして、記憶されている。今年八五年の夏は、将来、軍国日本復活の第一年として、記憶されることになるかもしれない」と、防衛費の一パーセント枠の突破は憲法の空文化であり実質的な憲法改正を意味するものだと警告を発しています（加藤周一「夕陽妄語」『朝日新聞』夕刊　一九八五年九月二〇日）。

ちなみに社会学者として著名な日高六郎《ひだかろくろう》（一九一七年〜）は、日本人の平和志向を支えている要素として次の三点をあげています。

第一に〈戦争体験〉。とくに一五年戦争の悲惨〈被害者感覚〉とそれが侵略戦争であったことの反省〈加害者責任〉。このことが、体験の直接間接を越えて今も生きていること。第二に、日本国憲法が戦争放棄、非武装の平和憲法であることを肯定する意識が広く存在していること。第三に、現在の世界の超大国間の対立や軍備競争に対する嫌悪感、あるいは核戦争の危機感がかなりひろがっていて、それに対する醒めた批判が広がっていること（日高六郎「三つの四〇年目」『世界』一九八五年九月号　三一頁）。

ここで問題なのは、政府・与党や一部の財界・保守勢力によって一般国民のこうした平和志向の傾向がなしくずし的に空洞化されている点です。いきおい現状のまま推移すれば、遠からず事態はもはや後戻りがきかないほど深刻化しないとも限りません。つまり、ハッと気付いたときにはもう手遅れとなりかねないのです。そうした事態を未然に防ぐことこそがわたしたちに課された最も緊急かつ重要な課題となりますが、戦争の教訓を生かすことこそがその課題に答える手っ取り早い最善の方法ではないでしょうか。

現在、軍備増強による日本の防衛を声高に唱導する人びとは、軍備は他国を侵略するためのものではないとか、平和を守るための軍備だから「専守防衛」に徹する、などと言って軍事力の異常な強化を擁護しています。しかし、前にもふれたとおり過去の戦争も全てそのような大義名分を掲げてきた事実を指摘しないわけにはいきません。

戦争というものは「国家・民族の独立をはかる」とか「侵略を未然に防ぐ」とか「平和を守る」ためと、もっともらしい名目をつけても、実際には憎悪の渦巻く非人間的な恐るべき殺りく競争でしかないことは、わたしたちが自らの五感を通して体験したことです。

しかも、繰り返し強調しておかなければならないことは、戦闘の過程では非戦闘員は邪魔者扱いされるのが関の山で、けっして守護の対象とはなり得ないという事実です。老幼婦女子は生命の安全を保障されるどころか、戦況が悪化すれば逆に友軍の手によって殺害さえされかねないことは、沖縄戦の多くの事例が物語っているとおりです。

そうした信じがたい殺りくのケースは、本土他府県でも発生し得ることは、敗戦も間近に迫った一九四五年六月、大阪のある陸軍司令官が、「この際、食糧が全国的に不足し、且つ本土は戦場となる由、老幼者及び病弱者は皆殺す必要あり。是等と日本とが心中することは出来ぬ」(細川護貞『情報天皇に達せず』下巻　磯部書房　一九五三年　三九〇頁)と述べた事実に端的に示されています。

また、沖縄で守備軍の組織的抵抗が止み、いよいよ米軍は本土上陸作戦に向けて兵員と軍需物資を集結させつつあったころ、本土の日本軍将兵に「国土決戦戦闘守則」というパンフレットが配布されました。これは、本土決戦の際に日本軍将兵がとるべき心構えについて述べたものですが、その第二項には、「決戦間、傷病者は、後送せざるを本旨とす。負傷者に対する最大の戦友道は、速《すみや》かに敵を撃滅するにあるを銘肝《めいかん》し、敵撃滅の一途《いっと》に邁進すべし。戦友の看護付添は、之を認めず」と記されています。

さらに第五項には、「敵は住民婦女老幼を先頭に立てて前進し、我が戦意の消磨《しょうま》を計ることあるべし。斯《か》かる場合、我が同胞は、己が生命の長きを希《ねが》わんよりは、皇国の戦捷《せんしょう》を祈念しあるを信じ、敵兵撃滅に躊躇《ちゅうちょ》すべからず」と述べられていました（家永三郎「軍隊の本質＝国民を守るものでは決してない」〈百里裁判・口頭弁論における証言〉『法学セミナー』増刊　総合特集シリーズ15「日本の防衛と憲法」日本評論社　一九八一年　二六九頁）。

これらの文意から推しても、いざという場合、老幼婦女子の非戦闘員が味方の軍隊の保護を期待することは、とうてい無理ということが分かります。

ところで軍隊の一般民衆に対する対応の仕方は、あながち戦争中の極限状況下における異例のものではなく、平時中からそのような対応をなすべく訓練しているのです。一九六八（昭和四三）年のことですが、航空自衛隊幹部学校の論文コンテストで、松本正美三等空佐の「日米安全保障条約再検討期を迎えるに際する隊員指導に関して」というのが優秀作に選ばれました。それは次のように述べています。

「（自衛隊にとって）同胞・同国民への対敵行為は本来の任務ではない。しかし、最近における戦争の様相は、イデオロギー対立と密接な連絡をもちつつ、同民族相剋、同国民の心理的混迷の様相の激化傾向を深めつつあり、国内治安に対する軍の役割が重要化しつつある。……いかに同胞といえども不法者に容赦しない行動をとるためには、隊員一人一人余程の信念と自信を堅持してかからねばならない。まして親戚、知人を含む同胞を対象として不安や動揺を生じない隊員を育てあげることは、各級指揮官の切実な問題として銘記してかからねばならない」（星野安三郎『平和に生きる権利』法律文化社　一九七四年　二四九頁）

まさに語るに落ちるとしか言いようがないわけですが、これこそが軍隊の軍隊たるゆえんと言えます。わたしたちはこのような軍隊の本質について、いささかも甘い幻想を抱いてはいけないということを、さる大戦でいやというほど思い知らされました。

しかし、戦後六九年も経った現在、戦争体験のない世代が国民の大多数を占めるようになっています。したがって、その多くは、戦争中に日本軍が中国や東南アジアの近隣諸国民に対して犯した非人道的犯罪についても、また自らの同胞たちの被った甚大な人的、物的損害についてもよく知ってはいません。いきおい加害者としての自覚もなければ、被害者としての痛みもほとんど感じずにいるのです。

前引のワイツゼッカー大統領は、この点と関連して、こう語っています。

「自分が犯していない罪を告白することはできない。ただドイツ人であるというだけで（ユダヤ人の大量虐殺について）贖罪《しょくざい》の衣をまとうべきだとは、判断力のある人間なら期待はすまい。しかし若者たちの先代は悲しむべき遺産を残したのである。われわれすべては、罪があるにせよ無いにせよ、老人であろうと若者であろうと、過去を受けいれなければならない。われわれはだれもが、過去の結果から影響を受けており、過去に責任をおっている。若い世代と年老いた世代は、互いに助けあい、なぜ記憶を生き生きと保つことが決定的に必要なのかを理解しなければならない。またそれはできるのである」（ワイツゼッカー、前掲誌　六三頁）

こうしてワイツゼッカー大統領は、若者たちは四〇年以上も前に起こったことに責任はないが、若者たちは歴史的結果に対しては責任を負わねばならない、と述べるとともに、老年世代は若者たちに正直に過去の出来事を伝え、なぜ記憶を生き生きと保つことが決定的に重要なのか若者たちが理解するよう力を貸さねばならない、と同時に自身の歴史から人間に可能なことは何かを学ばなければならないと強調しています。

戦後、明治以来の帝国憲法に代わって新憲法が誕生したとき、わたしたちは、新憲法にもられた基本的理念に生まれ代わった日本の姿を読みとって、この上なく喜んだものでした。日本国憲法は、再生した日本の生きる道を指し示しているだけでなく、わたしたち個々人が人間として生きがいのある生活とはどのようなものであるか、その根本精神をも明示していたからです。

周知のとおり新憲法は、過去の日本が武力によって国家の伸張をはかろうとした結果、国民生活を犠牲にして軍備拡張に狂奔したあげく、無謀きわまる戦争によって自他の無数の人命を殺傷したばかりか文化を破壊してしまった失敗にこりて、「二度と戦争をしない」ことを明快に宣言しました。

すなわち世界に先んじて戦争を放棄するという人類の高い理想を明確にし、平和世界の創造こそが日本が再生する唯一の道だということを内外に明らかにしたのです。

したがって、わたしたちが沖縄戦の教訓を生かすには、この憲法の理念を自らの血とし肉と化して、ひたすら戦争のない世界を作りあげていくことに各人が全力を尽くすことが何よりも大事だということを、六九年前の原点に立ち戻って思い出し、その実現に邁進するしかありません。そのためにあらゆる努力を捧げたいものです。

✣『沖縄戦の深層』関連＝略年表

一六〇九	島津氏（薩摩藩）が琉球に侵攻。以後、琉球は島津氏の支配下に置かれる。
一六一一	島津氏、薩摩へ芭蕉布など九品の上納、掟15条を令達する。
一六一二	明への進貢が十年一貢となる。
一六一七	島津氏、琉球の日本化を禁止する。
一六二一	尚豊王、島津氏の承認を経て即位する。以後、国王の即位は島津氏の承認を受けることが慣例となる。
一六二二	明への進貢が五年に一貢となる。
一六二三	儀間真常がはじめて黒糖を製造する。
一六二八	那覇に大和在番仮屋が設置される。
一六三三	冊封使が来琉する。二年一貢が許される。
一六三七	宮古・八重山に人頭税が課される。
一六五〇	羽地朝秀（尚象賢）、『中山世鑑』を著す。
一六五四	首里、那覇、泊、久米村への農民の移住が禁止される。
一六六三	清朝の冊封使がはじめて来琉する。尚質を国王に封ずる。
一六六六	羽地朝秀、国相（摂政）となる（〜一六七三年）。
一六八一	徳川綱吉の将軍就任の慶賀使が派遣される。
一六八三	冊封使が来琉する。尚貞王を国王に封ずる。
一六九八	琉球から薩摩に「甘藷」が伝わる。
一七一四	徳川家継の将軍就任の慶賀使が派遣される。
一七一九	冊封使が来琉する。尚敬王を国王に封ずる。
一七二八	蔡温が三司官になる。
一七四五	『球陽』『遺老説伝』ができる。
一七四九	この頃、人口二〇万人と伝わる。
一七六四	徳川家治の将軍就任の慶賀使が派遣される。
一七八六	『琉球科律』が制定される。
一七九〇	徳川家斉の将軍就任の慶賀使が派遣される。
一八一六	イギリス船ライラ号、アルセスト号が来航する。バジル・ホールがナポレオンに琉球の国情を話し、驚嘆させる。
一八四二	徳川家慶の将軍就任の慶賀使が派遣される。
一八四四	フランス艦船アルクメーヌ号が来航する。
一八四五	英国艦船サマラン号が来航する。
一八四六	宣教師ベッテルハイムが来琉する。
一八五一	ジョン万次郎が来琉する。島津斉彬が薩摩藩主となる。この頃、異国船の来航が増える。

一八五三	ペリーが琉球に来る。日本の開国の足掛かりとする。
一八五四	ロシアのプチャーチンが来航する。「琉米修好条約」が調印される。「日米和親条約」が結ばれる。
一八五八	「日米修好通商条約」が結ばれる。
一八六八	［明治1］徳川幕府が崩壊して、明治新政府が成立する（明治維新）。
一八七一	明治政府によって、廃藩置県が実施される。
一八七二	伊江王子、三司官宜湾朝保らが東京に派遣される。琉球藩が設置される。
一八七五	琉球処分について議論が沸騰する。
一八七九	［明治12］日本政府が、琉球処分を強行し、沖縄県が設置される。
一八八〇	日本、清国と分島・増約案を妥結する。沖縄で普通教育が始まる。
一八八二	上杉県令、旧慣改廃について政府に上申する。沖縄県、第一回県費留学生を東京に派遣する。
一八八三	この頃、脱清事件が相次ぐ。
一八八七	他府県に先駆けて、沖縄師範学校に「御真影」が下賜される。
一八八八	沖縄の人口三七万四六九八人。

一八九〇	波之上宮が官幣小社に格上げされる。
一八九三	沖縄で最初の新聞『琉球新報』ができる。
一八九四	日清戦争が勃発する(～九五年)。
一八九八	沖縄に徴兵令が施行される(先島を除く)。
一八九九	沖縄県民の海外移民が始まる。
一九〇〇	帝国議会で衆議院議員選挙法改正案が可決され、沖縄県選出議員二人、先島を除く全県一区で実施となる。この年、沖縄の人口四六万五四七〇人。
一九〇一	この年まで徴兵忌避者数一一三人を数える。
一九〇二	宮古・八重山両郡に徴兵令が施行される。
一九〇三	人類館事件が起こる。
一九〇八	間切・島および村を村および字と改称。
一九〇九	初めて県会議員選挙が実施される。
一九一〇	本部で徴兵忌避事件が起こる（本部事件）。
一九一一	河上肇の「舌禍事件」が起こる。伊波普猷『古琉球』が出る。
一九一二	［大正1］三月、衆議院議員選挙法が施行される（宮古・八重山を除き定員二名）。
一九一七	初のキューバ移民。ブラジル移民二二〇四人。
一九一九	五月、衆議院議員選挙法が改正され、宮古・八重山を加え定員五人となる。
一九二〇	四月、市町村制・府県制の特例撤廃で本土並

❖『沖縄戦の深層』関連＝略年表

	みの地方制度となる
一九二三	サイパンへの移民が始まる。
一九二四	このころ県外への出稼ぎが多くなる。
一九二五	戦後恐慌が始まる（ソテツ地獄）。この年、人口五五万七九九三人。四月、「治安維持法」ができる。
一九二六	［昭和1］三月、帝国議会、「沖縄救済に関する建議案」を可決。同、工業助成10カ年計画を決定する。
一九二八	特別高等警察課が設置される（特高）。
一九二九	社会科学研究会事件が起こる。
一九三一	九月、満州事変が勃発する。
一九三二	三月、日本、満州国を承認。九月、「日満議定書」に調印。
一九三三	沖縄県振興計画始まる。日本、国際連盟を脱退する。
一九三四	一月、沖縄連隊区司令官石井虎雄が陸軍次官柳川平助宛に極秘文書「沖縄防備対策」を送る。
一九三五	この年人口五九万二二三九人。
一九三六	二・二六事件が起こる。軍部の政治的発言が強まる。日本政府、日本の「南方進出」を決める。一一月「日独防共協定」調印。一二月、西安事件が起こる。

一九三七	七月、盧溝橋事件が起こる。九月、国民精神総動員体制が成立する。九月、中国、「国共合作」なる。
一九三八	四月、「国家総動員法」が制定公布される。一二月には全面的に発動。
一九三九	七月、「国民徴用令」が公布される。九月、第二次世界大戦が始まる。
一九四〇	［昭和15］
5・26	国民精神総動員沖縄県本部が新設される。
7・27	日本、武力行使を含む南進政策を決定。
9・23	日本軍、北部仏印へ進駐。
27	「日独伊三国同盟」締結。
10・12	大政翼賛会発会式が行われる。この年、方言論争が起こる。
一九四一	［昭和16］
7・28	日本軍、南部仏印へ進駐。
8・1	米、日本への石油など重要軍需物資の輸出を禁止。
8・14	米・英、「大西洋憲章」を発表。
12・8	日本軍、マレー半島に上陸、タイに進駐。ハワイ真珠湾を攻撃。米、英に宣戦布告する。アジア太平洋戦争が始まる。
10	日本軍、グアム島を占領する。
16	「国民徴用令」が強化される。

12・20	日本軍、ミンダナオ島に上陸。
23	日本軍、ウェーキ島を占領。
25	日本軍、香港を占領。
一九四二	[昭和17]
1・2	日本軍、マニラを占領。
19	日本軍、ビルマに侵入。
24	沖縄県翼賛壮年団が結成される。
6・5	ミッドウェー海戦で日本艦隊、大敗を喫す。
23	大政翼賛会が全面改組し国民組織、国民運動の全てが翼賛会傘下に統合され、国民統制の中核機関となる。
8・7	米軍、ガダルカナル島に上陸する。
8	第一次ソロモン海戦。
24	第二次ソロモン海戦。
9・	八重山の平得海軍飛行場の建設が着工され、作業に住民が徴用される。
一九四三	[昭和18]
2・1	日本軍、ガダルカナル島からの撤退を開始。
3・18	「戦時行政特別法」が公布。同時に定められた「戦時行政職権特例」により、首相の行政権が増大。地方行政の中央集権化が始まる。
28	「改正戦時刑事特別法」施行。政府の基本政策に対する疑問や批判などが処罰の対象となる。

5・29	アッツ島の日本軍が玉砕する。
6・25	政府、「学徒戦時動員体制確立要綱」を決定。
7・21	「国民徴用令」が改定され徴用人口、労働時間が増加される。
9・30	「全国女子学徒動員」が決定される。
30	大本営、絶対国防圏を設定。以後南西諸島及び台湾の防備が強化される。
10・12	政府、「教育に関する戦時非常措置方策」を発表。文科系学生の徴兵猶予が撤廃される。
11・1	「兵役法」が改定。国民の兵役義務が45歳に延長。
2	ブーゲンビル島沖海戦。米軍、同島に上陸。
25	マキン・タラワ両島の日本軍玉砕。
12・1	第一回学徒兵が入隊（学徒出陣）。
24	徴兵適齢が一年引き下げられる。
一九四四	[昭和19]
2・4	文部省、大学・高等専門学校の「軍事教育強化方針」を発表。
6	クェゼリン、ルオット両島の日本軍（六八〇〇人）が玉砕。
25	政府、「決戦非常措置要綱」を決定する。
3・8	インパール作戦が開始される。
22	大本営直轄の第三二軍（沖縄守備軍）が新設される。

✣『沖縄戦の深層』関連＝略年表

3・29　政府、「中学生の勤労動員大綱」を決定。

5・3　独立混成第四四、第四五旅団が第三二軍に編入される。沖縄で南・東・中飛行場のほか伊江島飛行場、宮古西飛行場の建設が始まる（各飛行場の労務者は連日二〇〇〇〜三〇〇〇名に及び、老若男女の別なく小学生に至るまで徴用される）。

6・11　八重山白保陸軍飛行場、宮古中飛行場の建設が着工される。

15　米軍、マリアナ群島のサイパン島に上陸。

19　マリアナ沖海戦で日本軍は空母と航空機の大半を失う。

25　第三二軍司令部、沖縄本島に軍備力結集の必要性を強調、防衛軍総司令部にその旨要請するが失敗する。

29　独立混成第四四旅団の乗船富山丸が沖縄へ向かう途中米潜水艦に撃沈され、約四〇〇〇人の将兵が死ぬ。生存者はわずか数百人。

7・7　サイパン島の日本軍、住民合わせて四万人が玉砕する。緊急閣議により南西諸島の老幼婦女子・学童の集団疎開が決定する。

8　長勇少将、第三二軍参謀長に就任。

11　第三二軍、第一〇方面軍（台湾軍）に編入される。

7・17　東條内閣が総辞職する。第二四師団が第三二軍に編入される。同じく独立混成第五九、第六〇旅団も第三二軍に編入される（24日）。

22　小磯内閣が成立する。

8・5　第二四師団、沖縄本島に到着する。

10　牛島満中将、第三二軍司令官として着任する。

19　第六二師団、沖縄に到着する。

22　学童疎開船・対馬丸が悪石島付近で米潜水艦により撃沈される。

31　「学徒勤労令」「女子挺身勤労令」が実施される。

9・15　第三二軍、一カ月間、地上兵力投入による飛行場建設に専念する。

10・3　米統合参謀本部、太平洋艦隊司令長官ニミッツに対し、琉球に一個またはそれ以上の拠点を占領せよと命じる。

10　米機動部隊による沖縄大空襲。県都・那覇市は灰燼に帰す。

18　日本全国一七歳以上の男子を兵役に編入する。

24　レイテ沖海戦。

11・25　大本営の指示により、第九師団が台湾に転出する。

12・1　沖縄、非常食糧整備週間が始まる。

12・15	米軍、ミンドロ島に上陸する。
一九四五	[昭和20]
1・3	米機動部隊、台湾・南西諸島を攻撃する。
12	米艦載機約九〇〇機が奄美、宮古、八重山、沖縄本島を攻撃する。
18	最高戦争指導会議で「今後採るべき戦争指導大綱」を決定する。
22	大本営、第三二軍に対し第八四師団の沖縄派遣を内報(翌23日、派遣中止を決定)。
25	最高戦争指導会議で「決戦非常措置要綱」を決定する。
26	第三二軍司令官、沖縄本島の配備変更を配下部隊に通達する。
31	沖縄県知事・島田叡が着任する。第三二軍、現地第二次防衛召集、満一七歳から四五歳までの健全な県民男子のほとんどを召集する。
2・3	沖縄県下の学徒動員が強化され、通信・観測・看護婦等の特別訓練が実施される。
7	第三二軍長参謀長、沖縄県庁を訪れ六か月間分の住民の食糧を確保すること、中・南部地区の住民を北部地区に疎開させることを知事に要請する。
11	沖縄県庁内に食糧配給課と人口課が設置される。
2・15	第三二軍、「戦闘指針」を県下の軍民に示達、標語「一機一艦船、一艇一艦、一人十殺一戦車」を公示する。沖縄県下に市町村単位の国土防衛義勇隊の編成が始まる。
19	米軍、硫黄島に上陸する。沖縄県下男女中等学校単位の防衛隊の結成が始まる。
3・1	米艦載機、沖縄を爆撃。県立第二中学校生の一部が宇土部隊へ入隊する。
6	「国民勤労動員令」が公布され、沖縄県でも満一五歳から四五歳までの男女が現地召集される。
8	国頭支隊、特務機関「国士隊」を秘密裏に設置する(〜10日)。
10	第三二軍司令官、伊江島飛行場の破壊を命じる。
17	硫黄島の日本軍が玉砕する。
18	文部省、「決戦教育措置要綱」を発表。4月1日から一年間全国の学校授業を停止することを決定。
20	大本営、「当面の作戦計画大綱」を発令し、沖縄作戦に重点を置くことを決定する。
23	米機動部隊、沖縄本島の爆撃を開始。県立第一高女生と沖縄師範学校女子部生、南風原の陸軍野戦病院に入隊する。私立昭和高女生、

従軍看護婦として第六二師団野戦病院に入隊。

3・24 県立第二高女生、第二四師団第一野戦病院へ入隊する。

26 連合艦隊、台湾方面軍「天一号」作戦発動。米軍、阿嘉島、慶留間島、座間味島へ上陸。座間味島の住民一七二人が「集団自決」をとげる。県立第三中学、私立開南中学、県立農林学校、県立工業学校の生徒たちが鉄血勤皇隊を編成し、各部隊に入隊。県立第三高女生、従軍看護婦として北部各部隊に入隊する。

27 米軍、渡嘉敷島に上陸。同島の住民三五〇人が「集団自決」をとげる。久場島、安室島、阿波連島が攻略される。県立水産学校生、通信隊員として第三二軍司令部情報部通信隊に入隊する。県立首里高女生、従軍看護婦として第六二師団野戦病院に入隊する。

29 米軍、沖縄本島への艦砲射撃を強める。県立第一中学校及び県立工業学校生、鉄血勤皇隊を編成し、軍部隊に入隊。

31 第三二軍司令部、老幼婦女子の北部疎開停止を命じる。私立積徳高女生、従軍看護婦として第二四師団に入隊。那覇市立商工生、鉄血勤皇隊を編成し独立歩兵第二二大隊に入隊。

沖縄師範学校男子部生、鉄血勤皇隊を組織し、軍司令部の直属隊として入隊する。

4・1 米軍、沖縄本島中西部海岸に上陸。その日のうちに、北・中飛行場を占拠する。米軍、あらためて布告第一号を公布。読谷村に米国海軍軍政府を設置し、住民の保護管理を始める。

2 政府と大本営の作戦連絡会議で、宮崎第一作戦部長が「沖縄は占領され本土への来寇は必至」と答える。

4 米軍が、北谷、島袋、大山、宜野湾の線まで進出する。また仲泊から石川の線で沖縄本島を南北に二分し、国頭地区に進撃を開始する。

5 小磯内閣が総辞職する。

7 鈴木貫太郎内閣が成立する。戦艦「大和」以下日本海上救援部隊壊滅する。

8 米軍、西海岸の宇地泊・牧港と東海岸の津覇を結ぶ線まで進出。嘉数地区で熾烈な攻防戦始まる。

10 米軍、津堅島に上陸する。

12 ルーズベルト米大統領が死去、新大統領にトルーマンが就任する。

16 米軍、伊江島に上陸。同島は21日に占領される。

19 米軍、首里外郭陣地に対し第一次総攻撃を開始。彼我入り乱れての攻防戦が展開される。

4・20 牧港・伊祖の日本軍陣地が突破され、首里外郭防衛陣地は崩壊し始める。

21 沖縄守備軍、嘉数地区を撤退、首里防衛戦の危機高まる。

24 第三二軍、第一線を仲間、前田、幸地の戦まで後退させる。首里周辺の非戦闘員に南部への移動を命ずる。

25 沖縄県庁、真和志村楚辺の壕から繁多川の警察部の壕へ移る。米軍、第二次総攻撃を開始する。

5・4 第三二軍の総攻撃が開始される。

5 第三二軍の総攻撃は失敗し攻撃は中止される。

8 ドイツ、無条件降伏する。

9 第三二軍の首里を中心とする防御戦が始まる(23日まで)。

14 米軍、那覇の安里に侵入。

22 米軍、那覇市街に侵入する。第三二軍、南部摩文仁地区への後退を決定する。

24 義烈空挺隊の兵員約一二〇人が北・中飛行場へ強行着陸し奇襲攻撃、全員玉砕する。県庁、繁多川の壕から東風平村志多伯の野戦重砲隊の壕へ移る、那覇市、米軍の支配下に入る。

27 第三二軍司令部は首里から津嘉山を経て摩文仁へ後退を開始。

5・30 第三二軍司令部、摩文仁へ到着。洞窟陣地を軍司令部にする。

31 首里、完全に米軍の手に落ちる。

6・4 第三二軍主力、喜屋武・摩文仁地区への撤退を完了する。米軍、小禄半島に上陸する。

10 米軍司令官バックナー中将が牛島司令官に対し降伏勧告状を空からまく。

13 大田実少将ら海軍沖縄方面根拠地隊の首脳が、小禄の司令部壕で自刃する。

17 牛島司令官、バックナー中将からの降伏勧告を拒否する。米軍、携帯用のラウドスピーカーで守備軍兵士や住民に降伏を呼びかける。

18 牛島司令官、参謀次長及び第一〇方面軍に訣別電報を打つ。米軍司令官バックナー中将、真栄平で戦死。

19 牛島司令官、配下将兵に対し「爾今各部隊は各局地における生存者中の上級者之を指揮し最後まで敢闘し、悠久の大義に生くべし」と、最後の命令を出す。第三二軍司令部、鉄血勤皇隊解散を命ずる。

20 大本営参謀総長と陸相が牛島司令官に訣別電報を送る。

22 牛島満司令官、長勇参謀長、摩文仁で自決す

✣『沖縄戦の深層』関連＝略年表

	る（23日説もある）、現地日本軍の組織的抵抗は終了する。
6・23	一五歳以上六〇歳以下の男子、一七歳以上四〇歳以下の女子を国民義勇戦闘隊に編成する「義勇兵役法」が公布される。
26	米軍、久米島に上陸する（30日までに占領）。
27	久米島で、日本軍によって住民が虐殺される（8月20日までに二〇人を殺害）。
30	米軍、沖縄南部の掃討戦を完了する。
7・26	連合軍、対日ポツダム宣言を発表する。
8・4	米軍、沖縄本島北部の掃討戦を終える。
6	米軍、広島に原爆を投下する。
8	ソ連が対日宣戦布告、満州に侵入。
9	米軍、長崎に原爆を投下する。
14	御前会議、無条件降伏を決定する。日本政府「国体護持」を条件に連合国へポツダム宣言の受諾を申し入れる。
15	天皇、終戦詔書をラジオから放送する。
27	沖縄守備軍の第二四師団第三二連隊の将兵約四〇〇人が降伏勧告に応じる。
9・2	日本政府、米艦ミズーリ号上で降伏文書に調印する。
7	南西諸島の守備軍、嘉手納の米第一〇軍司令部で正式に降伏文書に調印する。久米島で

	四〇人の守備隊が降伏する。
一九四六	連合国軍最高司令官マッカーサー、南西諸島行政の日本からの分離を宣言する。
一九四七	日本国憲法施行される（ただし沖縄、奄美、小笠原諸島は除外）。
一九五一	対日平和条約・日米安全保障条約が調印される。
一九五二	4月28日、対日平和条約の発効で日本は占領下から独立を回復するが、沖縄はその三条で引き続き米軍の統治下に置かれる。
一九七二	5月15日、沖縄、日本に復帰する。

大田 昌秀（おおた・まさひで）

1925 年、沖縄県久米島に生まれる。1945 年、沖縄師範学校在学中に鉄血勤皇師範隊の一員として沖縄戦に参加、九死に一生を得て生還。戦後、早稲田大学を卒業後、米国シラキュース大学大学院でジャーナリズムを学ぶ。終了後、琉球大学社会学部で研究・指導を続ける。1990 年、沖縄県知事に就任、２期８年務め、平和・自立・共生をモットーに県政を行う。「平和の礎」や「新沖縄県立平和祈念資料館」「沖縄県公文書館」などをつくった。2001 年、参議院議員（１期６年）。知事退任後、大田平和総合研究所をつくり平和研究を続ける。現在は同研究所をもとに設立した特定非営利活動法人・沖縄国際平和研究所理事長。
戦後、一貫して沖縄戦と平和をテーマに研究を重ね、著書は 80 冊余に上る。主なものに、『沖縄の民衆意識』『近代沖縄の政治構造』『沖縄のこころ』『写真記録　これが沖縄戦だ』『総史　沖縄戦』『検証　昭和の沖縄』『沖縄の決断』『死者たちはいまだ眠れず』『こんな沖縄に誰がした』『決定版　写真記録・沖縄戦』など。

大田昌秀が説く
沖縄戦の深層
●二〇一四年八月一五日――――第一刷発行

著　者／大田昌秀
発行所／株式会社 高文研
東京都千代田区猿楽町二―一―八
三恵ビル（〒一〇一＝〇〇六四）
電話　03＝3295＝3415
振替　00160＝6＝18956
http://www.koubunken.co.jp

印刷・製本／精文堂印刷株式会社

★万一、乱丁・落丁があったときは、送料当方負担でお取り替えいたします。

ISBN978-4-87498-551-9　C0021

辺戸岬
古宇利島
今帰仁村
国頭村
部町
屋我地島
奥武島
大宜味村
名護市
東村
大浦湾
辺野古
宜野座村
太平洋